方 臻 夏雪梅
编著

作业设计

基于学生心理机制的学习反馈

Homework
Learning Feedback

教育科学出版社
·北京·

破解作业对学生发展的密码

布置作业是教学过程链锁式结构的重要环节，但直到近代以来，仍然只有少数人从心理机制的角度展开研究，更不消说依此为据开展作业设计与改进的工作了。然而，掌握正确的作业设计与反馈，对如今学校的教学改革却十分有用。

比如说，2012 年国际 PISA 测试，一方面，上海学生的整体表现达到了国际顶尖水平，其中学校讲求作业练习的精细安排以及有针对性的纠错指导起了不小的作用，这与早在上世纪的国际教育成就评价协会的跨国研究结论相符：课外作业与某些学科（如数学）的学习成绩有明显的相关。另一方面，调查表明，上海的课内练习密度高，课外作业时间每周平均达 13.8 小时，位列 65 个国家（地区）之首，存在太多机械划一的"熟题"作业，少了点长思考与自我发现的过程，与专家提倡的"有意义作业"差距甚大。由此推及，研究作业的设计与反馈，它可以从一定的视角提供衡量学校教改成败利钝的风向乃至准绳，也有助于我们理解教学过程的复杂内涵。

要对学生作业有个一般性理解是比较容易的，但是当研究深入到作业的教学功能和心理机制时，却发现要获得正确理解并非易事。本书的一群作者在一所学校里首次从学生的作业心理开始，探明学生的作业心理机制，进而运用帮助学生形成独立主动、合作共享、自我反思的积极干预手段，倾全力引导学生养成良好的作业心理品质，打开了教学改革的又一明亮窗口。这项实践探索是对作业研究的一份有益贡献。

如果说物理学的根在实验室，那么教学论、心理学便必须深深扎根于中小学校，尤其是活生生的教学工作土壤。上海市教育科学研究院的研究者走进学校，与教师共同研究作业心理机制；上海市教育科学研究院实验小学的教师用心理机制设计与调整作业，两类不同角色人员的精彩合作，成功地解开了作业设计与反馈的若干奥秘，这表现在下列诸方面：

第一，先是纠正传统作业只重视知识技能的被动训练倾向，使作业成为引发学生兴趣、培养学生独立学习能力的切入口。学习要靠每位学生的自觉行动，这种学习有两个起点——自读（书中学）和自做（做中学），教学要摆脱灌输式，非得凸显这两个起点不可。而作业具备一种特有的自我调节学习的机制，如自设目标、自选策略、自保动机、自控过程、自我反思等。作业通过这种自我调控，可以突破被动与枯燥，如单元性的作业，可通过自我整理，揭示知识的内在联系。好的作业常常最有可能成为学生独立学习的切入口。

第二，好的作业最有利于直接进入精准针对每位学生的帮助式教学，使改革追求的个别化教学从理想通往可实现的现实。后工业化时代，教育正在走向个性化（个别化），这是一个漫长的过程，其中珍视班集体中每个学生，是这一过程的基本价值追求，而作业先行是一条现实的途径，诚如本书作者所说——作业要适合每一类学生的思维旅程。这就是有差异、个别化，从而推进精准针对每位学生的帮助式教学，从低阶梯的纠错、跟进练习，到高阶梯的以问题或项目为载体的作业，甚至是长周期作业，让学生在坚持中进行探究与表达。

第三，尤其重要的是，基于学生心理机制的作业设计与改进，对学生养成良好的学习习惯和心理品质能起到极为重要的指引作用。如作业中的行为规范，坚持自我管理、自我调控的意识，面对与克服困难，抵御诱惑，调节不良情绪，培植恒心，形成学习的责任感，等等。

由此看来，本书作者似乎已能摸到作业的独特奥妙，包括上述的自我调控机制、个别学习机制与意志磨炼机制。当然，从教育实践者的立场来看，他们也许并非旨在对作业的概念与作用做出学理的概括，而是透过作业的大量实例，表明作业环节在教学领域中的深刻内涵。

　　因此，本书必然会引起广大中小学教师、教研员、教师培训或指导者以及有志于深入理解作业机制的专家的极大兴趣，也会对教学领域中作业研究的文献提供颇有价值的补充。另外，这项工作还是一个合作研究的很好典范，说明实践与理论的结合怎样启发我们去理解如"作业"这样一个不起眼的话题，同时也促使我们重新思考自己对教学过程以及在教育教学的每个环节中培养学生优良素养的理解。

张沿况

2014 年 3 月

目 录

前　言

2013 年 8 月，教育部公布了《小学生减负十条规定（征求意见稿）》，其中有一条，不留作业。回想政府的历次减负措施，毫不例外都将是否布置作业、作业量的多少作为重要的指标。隐藏在这一政策背后的假设是，作业会引发学生的负担，因此，只要规定不许布置作业，学生就没有负担了。这种简单的归因抽离了作业负担发生的社会、文化、制度、心理等因素，将作业负担的问题大大简化。就当下情境来讲，作业负担的产生有作业本身的问题，却也有很多作业之外的问题。

如果考虑到当下的教育现实，不布置作业几乎是一个不可能的口号。从 1988 年开始，官方已经在不断出台政策，力图减轻学生的作业负担。但二十多年过去了，学生的课业负担却不见减轻。在这个问题上，相当多的教师和家长表达了与官方不一样的观点——作业是必需的，是对课堂教学所教内容的巩固和练习，没有了作业，成绩怎么保证？在当下教育评价制度和人才选拔制度都没有做出调整的情况下，如果强行要求教师放弃书面作业，可能会引发教师和家长的心理恐慌。

作业，是什么？

本书所说的作业是指学生的家庭作业。我们仍然坚持认为，小学生是应该有一点作业的。但是，促使我们坚持这个观点的，并不是来自于作业的流行观念——作业是对课堂教学的巩固和延伸，是提高成绩的保证。

从美国资深的作业研究者库柏（Cooper）等人对作业与学习成绩的大量实证研究来看，在小学阶段，作业时间和学业成绩之间存在微弱的正相关甚至是零相关；对于中学生，两者的相关性比较强。① 就中国目前的情况而言，家长很多时候信奉的"熟能生巧"、"做题百遍，其义自现"对基础题的考试确实有巩固作用，但在深度的思维发展和认知水平的提升方面，对小学生来说反而有百弊而无一利，大大增强了学生对作业的反感和心理负担。从这个意义上讲，教育部的规定是一种无奈的"义"举，相比较于这种蛮不讲理的、机械式的"熟题"作业来说，还不如干脆取消作业。

但是，不管是官方和民间，在探讨作业的存留问题时，都忽视了作业对学生的心理发展意义。让我们坚持认为小学生仍然应该有一点作业这一观点的，来自于我们对作业功能的重新认识。在与教师、学生的大量以作业为载体的互动中，在参阅大量相关的心理学与教育学的实证研究中，我们发现，作业对小学生的发展具有重要的心理意义。从心理学角度看，所谓作业，是指教师指派给学生，要求学生在上课以外的时间完成的任务。② 与其他在课堂或学校情境中完成的学习活动相比，作业是一种典型的自我调节的（self-regulated）学习，学生需要与各种干扰因素抗争，并在没有教师监督的情况下聚焦于作业。自我调节学习领域的研究专家齐默曼（Zimmerman）明确指出，成功的家庭作业完成需要自我调节学习，在成功完成家庭作业的过程中，学生需要通过自我调节设置作业目标、选择恰当的学习策略、保持动机、监控过程并对作业结果进行反思。③

作业的完成能锻炼学生的意志，在每天的作业中，即使面对内外部的干扰，学生也需要通过自己的意志控制达到学习目标。在科尔诺（Corno）的意志理论中，家庭作业是学生的工作，它使学生学会如何忍受枯燥，锻

---

① Trautwein. The Relationship between Homework and Achievement: Still Much of A Mystery [J]. Educational Psychology Review, 2003 (15): 115 – 145.

② Bembenutty. The Last Wordsworth: An Interview with Harris Cooper: Research, Policies, Tips, and Current Perspectives on Homework [J]. Journal of Advanced Academics, 2011, 22: 340.

③ Bembenutty. Meaningful and Maladaptive Homework Practices: The Role of Self-Efficacy and Self-Regulation [J]. Journal of Advanced Academics, 2011, 22: 448 – 473.

炼其意志力，促进其责任感与纪律意识的形成。① 意志控制对于完成家庭作业尤为重要，能对学生在作业中投入的努力起维持作用。在完成作业的过程中，学生需要独立管理自己的作业，包括进行时间规划、作业的环境管理、集中注意力、保持或提高做功课意图的强度、面对困难的作业任务保有恒心、抑制外界干扰因素、对做功课时伴随的不良情绪进行调节等。

除了作业以外，在现有的教育体制下，很难有其他的活动可以起到类似的功效。这也就是为什么即使库柏认为作业对小学生的成绩影响不大，但他依然主张小学生应该有家庭作业。他认为，对于儿童而言，家庭作业可以帮助他们形成良好的学习习惯与性格品质。② 在完成家庭作业的过程中，学生能够形成自律、遵循作业规范、敢于面对并克服困难、学会坚持、抵御诱惑、强化对学习的责任感等积极心理品质。诚如钟启泉教授所言，从"机械性练习"走向"有意义练习"，重新赋予"练习"在学校教育中的地位，一方面，我们需要批判应试教育背景下练习被扭曲的局面，但另一方面，不要把练习妖魔化，不要从一个极端走向另一个极端。③ 正是基于这些理解，在本项研究过程中，我们逐步形成了关于作业的以下观点：

·作业，尤其是小学阶段的作业，不仅是作业，更是一种学习习惯、态度、心理品质的养成。

·作业，不仅是课后巩固课堂知识，更是课前学生多样化的认知观念和"迷思"观点的展现，是教师诊断和促进学生学习的评估手段。

·作业，不仅意味着课堂任务的完成，而且关涉与家庭或社区交互的活动，要将学校作业与学生真实的生活联系起来。

---

① Corno & Xu. Homework as the Job of Childhood [J]. Theory into Practice, 2004, 43: 227 – 233.

② 胡苇. 国外中小学家庭作业问题的研究及启示 [J]. 外国中小学教育, 2007 (12): 52 – 55.

③ 钟启泉. 减负背后的思考 [N]. 光明日报, 2013 – 08 – 28 (14).

对作业的"主动投入"比作业的"完成"和"正确"更重要

那么，我们所期待的理想的学生作业及其相应的行为是怎样的？

快速、准时地完成作业，所有的作业都正确，这可能是大多数教师比较期待的理想作业行为，甚至学生也抱有这样的观点。这种对作业的"完成"和"正确"的追求对教师与学生的作业行为都产生了重要的影响。

在教师身上，我们看到，当教师以"完成"和"正确"作为导向的时候，他会布置大量重复的、基础的题目，以此训练学生在基础知识点上的速度和正确率。在翻阅教师的作业札记和学生的作业本中，我们不止一次看到，当学生答案出现错误时教师追求正确答案的急切心情，却忽视了学生错误中有可能隐藏的认知思想；当学生答案都正确时，教师会认为所有的教学目标都完成了，而忽视了学生是怎样完成作业的及其思维过程、作业习惯等。

当学生以"完成"和"正确"为导向的时候，他会尽可能避免那些具有认知挑战性的题目和作业，因为这些作业有可能需要更长的时间，更有可能会出错，需要不断地调整与修正，这些都会影响他的作业的完成率和正确率。因此，当学生有作业选择权的时候，他会以简单的、不容易错的、不需要订正为取向来选择作业。而当学生不得不做这些有挑战性、需要更多付出和投入的作业时，他就可能马虎了事，或依赖家长。因为他也知道，"完成"和"正确"是显性的，可能带来的是教师的表扬，而"过程"教师是看不见的，更重要的是，这些作业往往是不纳入考试范畴的。

在调查和访谈中，我们都发现一个奇怪的现象：有相当一部分学生对机械的识记类作业很感兴趣，有些在成人看来很枯燥的作业，他们也说自己很喜欢。关于这个现象我们讨论了很久，也有一些不同意见。有些教师认为，儿童会对这些枯燥、乏味、低水平、重复的练习感兴趣，说明他们意识到这些东西对他们的成绩提升是有价值的；另一些教师认为，儿童对这些练习感兴趣，在于他们从来没有接触过别的类型的作业，在他们的视野中，作业都是这样的。争论进一步聚焦到，如果学生对这些练习感兴趣，是否就意味着我们应该继续给他们提供这种类型的作业？

在我们看来，这种类型的儿童是已经被作业"规训"了的儿童。杜威曾经评论过，"因为无意义而不愉快的活动如果坚持下去，也许会产生好感。假如环境连续提供所需要的工作方式而排出另一种方式，人们也可能对一种例行的和机械的程序发生兴趣"。因此，他反驳说："有人捍卫和赞扬愚笨的手段和无谓的联系，因为'儿童对于这类东西是有兴趣的'，是的，这正是最糟糕的；人的心理不让它用于有价值的事情……就降低到让它随便做什么的水平，而且必然对狭隘的和阻碍生长的经验发生兴趣。"[①]对于这样的儿童，我们要做的不是顺从他们的"兴趣"，继续让他们做枯燥的练习，而是激发他们朝向更有认知挑战性或需要团队协作、自我表达才能完成的新型作业。

当师生双方的作业行为都趋向于"完成"和"正确"的时候，一个稳固的作业布置和完成的行为模式就形成了。就当下小学的情况而言，大多数作业系统是建立在这一模式之上的。支撑这一模式的是行为主义的学习"操练"，双方都以完成任务为目的。若要打破这个思维和行为模式，我们需要追问：理想的作业行为除了"完成"和"正确"之外，到底还是什么？为了实现作业的心理意义，比"完成"和"正确"更重要的是什么？

我们认为，对小学生而言，比作业的"完成"和"正确"更重要的，是学生对作业的主动投入。所谓主动投入，是指学生出于积极的作业动机、信念而引发的积极行为。主动投入有以下几个标志：

第一，学生知道作业的意义，为自己的作业负责。学生知道作业对他来说意味着什么，所以作业对他而言，是一件主动选择的行为，而不是教师强加给他的。当学生认为他已经掌握了相应的知识与技能时，他会主动和教师提出不做这样的作业或换做另一种作业。当学生认为他还

① 杜威. 儿童与课程［M］//杜威. 学校与社会·明日之学校. 赵祥麟，等，译. 北京：人民教育出版社，2005：126.

没有掌握相应的知识或能力时，他会主动要求做相关的作业来帮助自己加强理解。

第二，主动的作业时间。为了完成作业，在不需要家长和教师的督促下，学生会自觉地克服作业完成过程中的困难，排除外界干扰。即使是长周期作业，他也能付出较多努力和时间。在作业的完成过程中，他会主动排除干扰，思考与解决问题，而不是以快快完成为唯一导向。

第三，主动投入的另一个表现是学生在认知上的挑战性。研究表明，认知参与度是学习动机的重要行为指标之一，它是产生深度理解与学习的关键认知过程。带有主动投入趋向的学生更愿意选择那些他认为有意义、更能锻炼自己的作业。[①] 这样的作业行为是我们认为的理想的作业行为。

如果我们将"作业负担"同时看作是一种客观和主观的产物，本书的一个基本前提是，在严格控制作业量的前提下（控制客观），如果教师的作业设计能够把握住学生的心理，那么，这样的作业设计是可以在官方的意志和民间的诉求之间找到一个平衡点的，这样的作业设计才能给学生带来深度的学习反馈。而所谓的深度的学习反馈，就不仅仅是通过作业获取认知上的巩固与发展，更在于学生能够在较好的情感体验下（主观负担）促进自己良好的作业行为和作业品质的养成。

基于心理机制的作业设计

对小学生而言，要让他们产生对作业的投入，并不是一件容易的事情。为了让学生主动投入，教师们需要思考，应该怎样进行作业设计？在和学校的共同研究中，在吸纳大量的国内外研究成果的基础上，我们逐步抽离出教师可以控制的重要的作业特征，如表1所示。

---

① Pintrich. Motivation and Classroom Learning ［M］//Weiner. Handbook of Psychology：Educational Psychology. Hoboken：John Wiley & Sons Ltd，2003：103 – 122.

表 1 教师可控制的作业特征

- 作业频率：教师在一定时间内布置作业的频率或次数。
- 作业长度：教师所估计的班级层面上学生花在作业任务上的平均时间。
- 作业的可理解性：作业是否有趣、作业是否能够促进学生的理解、作业是否整合了课程内容、作业是否体现了知识的关联性与系统性、作业是否有利于学生所学知识在现实生活中的迁移和应用，等等。
- 作业的挑战性：个体所知觉到的作业难度，涉及作业是很容易完成还是需要付出很多努力才能完成这一问题。有挑战性的作业是对学生个体而言中等难度的任务，它的难度高于学生的现有水平，但又不过于困难。
- 作业控制：教师对各种作业特征的控制力度，学生在这些作业特征中有多大的参与权。
- 作业反馈：教师对作业的批改、评定与评价。

　　通过对这些作业特征的认识，我们看到，作业设计确实是一个系统，教师要设计的不仅是布置怎样的作业，还包括怎样布置作业、布置作业以后怎么办，而这一切设计都是基于教师对学生的适应性的作业行为有更清晰的认识。① 从上文的分析中，我们可以看到"完成"和"正确"所对应的作业类型更多的是偏向于识记、练习类的作业，如果要打破这一模式，可能需要其他的作业类型。我们发现了学生在完成作业时的一些特征：

　　·在控制作业量的情况下，一部分学生愿意去做更有认知难度的题目；

　　·在控制作业量的情况下，一部分学生愿意牺牲挑战性，避免出错后订正所增加的时间和情感负担；

　　·当挑战可以带来作业量的减少或荣誉感的增加时，学生愿意去做挑战性的题目。

　　……

---

　　① 具体内容可以参见本书第二章的阐述。

007

我们又发现，破除当前的"作业负担"困境，需要将教育制度、社会观念等融入作业类型的设计中来综合考虑。本研究之所以关注常规作业、分层作业、单元作业、长周期作业，不仅在于这些作业实际流行于当下的教育实践情境中，更重要的是，这些作业类型的"再概念"或许能激发作业范型的转换，为思考"减负"问题提供一些新的可能性。

（1）学校、师生、家长对学习的假设是：作业是必需的，作业量与学业成绩正相关。因此，教师在日常作业布置中大量增加作业量，而又由于当下测验技术的局限，以及对测验结果的高利害利用，导致教学过程中过于强调作业的知识本位，使作业与测验高度接近，缺乏从育人的角度思考作业设计与运用的有效性。探讨常规作业，正在于破解这一难题，思考如何扭转在常规作业中的严重的"大容量"和"应试倾向"。

（2）很多教师和家长认为，作业是要面向全体学生的，所有的学生学习同样的内容，作业多做总是好的，导致教师在处理作业问题时缺少个性化的措施。探讨分层作业，正在于减少作业的"大容量"，增强作业的针对性和有效性。

（3）在不断地追赶进度和一课又一课作业的持续冲击下，课堂中教师对什么内容都不敢放过，什么内容都要教学，产生了学习目标的碎片化，进而引发作业的碎片化。探讨单元作业，正在于整合零散的碎片目标，从学科结构的角度思考作业设计。

（4）目前，学生的学习目的短期功利，忽视积累性学习与项目学习。探讨长周期作业，正在于让学生有自我挑战克服作业惰性心理的机会，让学生有在真实情境中综合运用已经学过的知识解决问题的机会。

有鉴于此，针对特定作业类型可能引发的学生作业行为问题，我们又进一步形成如下的思考与行动框架（见表2）。

表 2　不同类型作业的特征与基于心理机制的作业设计

作业类型	作业特征	基于心理机制的作业设计
常规作业	・作业频率：几乎每天都有类似的必做作业 ・作业长度：因年级、学科的不同而不一，但基本应该控制在 1 小时内① ・作业的可理解性：比较枯燥，大部分是基础知识和技能的训练，基本不涉及生活情境 ・作业的挑战性：较低 ・作业控制：教师控制 ・作业反馈：及时反馈	・控制作业量，所有的学科每天统整控制 ・调整作业规则，以"掌握与理解"为导向，而不是以"完成量的多少"为导向 ・增加作业的趣味性 ・增加作业的应用性及与生活实际的关联 ・学生主动选择作业量、作业形式等 ・改进作业批改的认知反馈，分步批改，承认合理性
分层作业	・作业频率：根据不同教师而定，有些教师每天的作业都分层，有些定期分层，有些从不分层 ・作业长度：学生的负担往往会加重，因为学生有可能会将所有层级的作业全部做完 ・作业的可理解性：低水平的学生往往完成机械类、识记类的作业，高水平的学生完成的作业会更具开发性和知识的应用性 ・作业的挑战性：学生以往成绩越差，作业越不具有挑战性 ・作业控制：教师对学生分层 ・作业反馈：教师批改学生作业	・分析作业的思维水平，对作业进行分层 ・不对学生显性分层，引导学生选择适合的作业，降低分层作业的标签效应 ・在控制作业量的情况下，鼓励学生完成更有挑战性的作业，激发自我效能感 ・为低水平的学生设置更有趣味和生活应用性的作业，为高水平的学生设置更有开放性的作业 ・运用合作小组的方法，弱弱、强弱、强强多种组合，弥补分层作业带来的学生分化

---

① 根据 2010 年上海市课业负担调查数据显示，小学生完成教师布置的作业平均用时 1.81 小时。

续表

作业类型	作业特征	基于心理机制的作业设计
单元作业	· 作业频率：一般 1 个月 1 次 · 作业长度：一般在周末，需要较长时间来完成 · 作业的可理解性：作业试图整合单元内容，体现知识的关联性与系统性 · 作业的挑战性：有一定难度 · 作业控制：教师控制 · 作业反馈：教师批改	· 学科教师合作，基于课程编写作业指南，以关联、贯通知识结构 · 将单元作业设计成合作、表现型的作业，以体现知识的整体性与应用性 · 设计单元作业前后的指导课，以此形成单元作业的整体观 · 设计单元作业前后的概念图、知识体系图，引导学生有意识地归纳、整理自己的知识结构，并在此过程中进行形成性评价
长周期作业	· 作业频率：一学期 1~2 次 · 作业长度：可能持续 1~3 个月 · 作业的可理解性：往往需要综合的知识，需要将所学知识在现实生活中进行迁移和应用 · 作业的挑战性：有一定难度，尤其需要坚持 · 作业控制：过程中主要是学生自己调控 · 作业反馈：较少	· 设计不同功能和目的的任务单，成为长周期作业的支架 · 强调长周期作业的认知共享和思维求异、开放性的功能 · 通过评分规则的调整增加长周期作业的分支，激励学生完成挑战性任务 · 用定期出版、公开发行的方式增强学生的荣誉感 · 在长周期作业中组建共同体，让作业内容源于生活并反映生活 · 设计长周期作业前的指导课，根据作业情况适时设置指导与交流课，减少过程中的孤独感和不能坚持的放弃率

值得注意的是，这些特征都要经过学生这一过滤系统。也就是说，学生的感觉很重要。如果教师预设的这些作业特征不能激发学生的这些正向的动机与情绪，学生就有可能体会不到。这就是为什么在教育实践中面批、同学互批、分层作业等看似革新的作业行为却往往很容易引发学生的反感，因为面批、同学互批往往伤害了学生的情感体验，分层作业则给学生贴上了标签，引发学生的低效能感。所以，这就提醒我们，在调整任何的作业特征时，都要考虑到学生是如何看待这些作业特征的变化的，这一调整是激发他们更积极的动机和情感，还是有可能起到反作用。

在小学生的作业情境中，家长也是影响上述作业特征的另一个主要群体，教师设计得很好的作业，有可能会在家长的干预下起到相反的效果。因此，教师在进行作业设计时获得家长的理解和支持也是非常重要的。美国著名的家长参与研究者爱泼斯坦（Epstein）提出了六个不同层次的家长参与，其中前三个层次与作业相关：第一个层次是"教养（Parenting）"，指学校要协助家长建立一个理想的家庭学习环境。第二个层次是"家庭校沟通（Home School Communication）"，学校要和家庭建立起关于作业的沟通信息渠道。第三个层次是"家庭学习活动（Home Learning Activities）"，是指家长在家参与促进孩子学习的活动。[①] 在教师设计作业的时候，首先就要澄清家长在作业中的责任和角色，如果一味让家长作为作业的检查、批改、修正者，可能反而会引发学生不良的作业行为。因此，循序渐进地先与家长共同构建理想的家庭作业环境，再了解学生在家庭中的作业行为，进而设计一些让家长参与的作业类型，可能是一种比较可行且良好的互动方式。

本书中教师们所呈现的案例都体现了上述设计的某一种或几种方式，但是，任何一个有教师教育经验的人都知道，教师的技能获得与观念转变

---

① Epstein. School/Family/Community Partnerships：Caring for the Children We Share［J］. Phi Delta Kappan, 1995, 76：701-712.

是一个非常漫长而艰难的过程。[①] 从机械地照搬某种做法到富有创造力地实施，需要教师深度的理解、富有智慧的思考和操作性技能的习得。[②] 就作业的观念与实践转型而言，这仍然是一个在路上的过程。本书更多的是呈现一种新旧交织的状态，或许这种状态才更吻合当下现实的教育情境。

夏雪梅　方　臻

[①] 易凌云，庞丽娟. 教师个体教育观念：反思与改善教师教育的新机制 [J]. 教育理论与实践，2004（5）：37 - 41.
[②] 夏雪梅. 教师课程实施程度的评估：一种整合框架 [J]. 教育发展研究，2009（12）：19 - 24.

第一章

从学生立场看作业

学生喜欢教师布置的作业吗？

作为教师的我们，在布置作业时是否考虑到学生的心理呢？

当我们把这些问题抛给周围的教师同行时，有些教师认为自己很了解学生做作业的心理，布置作业的量适中，结构合理；有些教师认为学生喜欢合作完成作业；有些教师认为学生喜欢完成趣味性的作业；还有些教师认为学生喜欢一些新奇的批改方式，如学生互批。

事实是否真的如教师们所认为的这样呢？既然最终是学生完成作业，作业也是为了促进他们的发展，那么，我们就有必要转换立场，听听学生的想法，从他们的角度透视这些问题。

一、学生视角的作业大调查

2010 年 9 月，上海市教科院实验小学与上海市教科院普教所共同启动关于学生作业心理机制的研究，我们深切地感受到有必要获取学生视野中的作业信息。为此，我们通过 3～5 年级学生的全样本问卷、座谈和个别访谈①，1～2 年级的学生则全部采用座谈会、个别访谈、家长问卷和访谈等方式收集如下数据：

◇学生作业的整体情况，包括各科作业的量、学生完成作业所花的时

---

① 上海的小学是五年制，与全国大部分地区的六年制有所不同。

间及主观感受；

◇学生喜欢与不喜欢的作业类型及原因；

◇学生做作业的习惯；

◇学生对作业评价方式及反馈情况的感受；

◇家长对作业的关注情况等。

初步结果出来之后，由校长、教师以及研究者集体对数据进行深度解读，试图寻找数据之间的关联。结果，解读中出现的几个结论让我们觉得"不可思议"。

（一）严格管理下的超量作业

在作业量上，居于前三位的是语文、数学、英语（简称语、数、英）三门主要学科，并且与其他学科的作业量在统计上呈显著性差异。从年级差异来看，四年级的语、数、英三科的作业多于其他年级，五年级作为毕业班，倒比四年级要少一点。在作业时间上，学生平均所花时间的比例分别是：1 小时以内（16.3%），1～2 小时（44.0%），2～3 小时（27.9%），3 小时以上（11.4%），缺失数据（0.4%）。也就是说，全校约有40%的学生完成作业需要花 2 小时以上，其中低年级学生占25%。这个数据超出了上海市教委规定的小学生作业时间。

然而，学校年级组长和教研组长一致认为：学校对于教师布置作业的量有相对严格的规定和管理措施，怎么会超出那么多呢？在进一步与学生的座谈中我们发现，学生的作业量超时来自于以下几个原因。

1. 学生间的个体差异

一些学生是因为学习上存在困难，对内容没有掌握；一些是因为学习习惯不好，动作较慢，必然耗时长。也有学生认为，即便学校作业做完了家长也还会加量，还不如慢慢做，能拖则拖。还有学生则指出某些内容的作业，如作文、复杂的计算等耗时长，让人感到疲累。

2. 各学科教师之间缺乏协调

据调查，学生完成个别教师单门学科布置的作业就要超过 1 小时，加上其他学科，个别学生做作业时间甚至达到 3～4 小时。

3. 教师布置了本身耗时的任务

一些学生谈到，即便书面作业没多少，但读、背、做小报等都相当费时。尤其是像"做小报"这样的作业，究竟能达成怎样的学习目的，以及是否必须独立完成等，值得思考。

4. 家长对学生的高期望

不少家长额外给孩子增加任务，似乎认为孩子一分钟不处于学习状态，就比其他人落后了一分。由于抱着这样的想法，导致在作业上也是以"多"取胜。

(二)"累"在于作业的"无趣"

调查中获取了学生对作业的感受，表示很轻松的学生占 14.2%，比较轻松的占 23%，感受一般的占 43.1%，比较累的占 13.7%，而表示很累的学生占 5.1%。由此可见，大约有 20% 的学生感觉"累"。

那么，学生为什么会感觉到累呢？我们在调研中设计了两个对应的题目，一是问学生喜欢的学科作业及其原因，二是问学生不喜欢的学科作业及其原因。我们发现学生对于作业的消极情感体验，会涉及"作业多"、"作业难"这样的表层理由，但更多的是"作业没意思"、"不喜欢这门学科"、"不喜欢老师"这些出于对作业本身及相关情感上的理由。分析结果发现，如果学生喜欢作业，不觉得做作业累，他对作业的"有趣"及"喜欢这门学科"的认同率是最高的。这说明学生并非简单以作业的数量及难易程度来确定喜好，而是对于作业内容本身有"质"上的要求，是否具有趣味性，以及相关学科对其是否具有吸引力决定了他们的喜好。

同时，对不同学科作业的喜欢情况，各年级呈现不同态度：（1）对数学作业的喜好度各年级比较平均，喜欢的学生比例集中在 50%～60%，各年级无显著差异；（2）对语文作业的喜好度各年级呈显著差异，曲线呈"马鞍形"，即低年级和高年级的喜欢比例超过中间年级；（3）对英语作业，二年级较为特殊，喜欢比例相对低，且与其他年级有显著性差异。

（三）"个性化"的批改方式受质疑

近些年来，随着多元评价方式的兴起，学校里也进行了一些作业批改和反馈改革，鼓励教师们采用"面批"、"同学互批"等更具个性化的方式。我们一直认为学生会喜欢这种方式，但结果却让我们大吃一惊。

学生普遍喜欢的作业批改方式是"早上交上去，当天发下来"。普遍不喜欢的是"单独订正"、"面批"和"同学互批"。其中接受"面批"的学生占21%，喜欢"单独订正"的占14%，而在"同学互批作业"的选项中大多数学生选择了"不喜欢"，全校学生对此项的不喜欢率达到了71.22%。"单独订正"、"面批"和"同学互批"一向被教师认为是有效的反馈方式，也是平时教师特别"花心思、花时间"的反馈方式，为什么学生不喜欢？这背后的缘由到底是什么？我们通过对学生的座谈，了解到学生之所以"不喜欢"，是因为在各种个别化的反馈过程中，他们常常会产生不良的情绪反应。例如：担心受到老师当面的批评而产生害怕、紧张心理；担心遭到同学的嘲笑，有损自尊心；或单独订正时易产生孤独感；还有因为不信赖同学而不喜欢同学间的互批等。这些恰恰是教师在进行作业反馈时不太关注到的。

（四）喜欢上"副课"，但讨厌做作业

与语、数、英存在极大差异的是，学生虽然喜欢上自然、音乐、劳技、信息科技等，但却讨厌做它们的作业。尤其随着年级的增长，喜欢程度明显递减，年级间存在显著差异。有部分学生甚至认为这些学科不应该布置作业。学生表示，他们喜欢上自然课，"特别喜欢做实验"，也"喜欢收集资料、养小动物和种植物"，但"不喜欢把观察到的现象记录下来"，因为"太麻烦了"。学生表示，在做这些作业的时候，会占用很多的时间，这样会影响到主科的学习。而语、数、英学科作业占用大量课余时间也影响了学生对这些学科作业的投入。这是不是意味着，学生其实也是很功利的？尤其是随着年级的增长，他们也更加会"权衡"在哪个学科上的投入最具有"价值"了。

（五）作业中的强势家长

学生调查数据表明，家长在作业中占据了一个强势的地位。一方面，家长也参与了作业的布置。他们对语、数、英的作业格外关注，分别有60%、66%、57%的家长会给孩子额外布置语、数、英作业，这无疑更增加了学生的负担。另一方面，更多的家长参与作业的检查，有72.5%的家长会坚持检查孩子的作业。

面对家长的强势，学生有何感受呢？61.8%的学生喜欢家长检查作业，喜欢的理由中排在前五项的是：说明家长关心我；家长能指导我在学习上不懂的地方，对我学习有帮助；不懂可以问家长，不用自己花很多时间想；自己可以不用检查，多些时间看课外书；第二天订正少，老师会表扬我；等等。也有将近四成的学生对家长检查作业并不领情，明确表示"不喜欢"。他们的理由是：父母的检查表明了他们对自己的不信任；对父母的指导方式表示怀疑，尤其是当父母的指导与教师的教产生不一致时，他们会产生理解混淆，由此更有可能怀疑家长的辅导，因此产生较大的心理压力。[①]

我们发现，学生对于家长参与作业检查的态度是呈现明显的年龄特征的。随着年级的升高，这种对家长检查作业的"依赖"的确在减少。

二、基于一周作业扫描的喜好度分析

之所以对作业进行研究，是想回答一个对教师来说很重要的问题：到底怎样的作业对学生来说是负担，怎样的作业对学生来说不是负担。我们希望在回答这个问题的过程中不断澄清作业的价值和方向。为了回答这个问题，需要获得两个证据：第一，实地描绘学生所做的作业是什么；第二，了解学

---

① 如上内容部分来自于：王洁. 以"研究为基础"的教师专业发展行动：上海市教科院实验小学"作业研究"扫描 [J]. 基础教育课程，2012（3）.

第一章 从学生立场看作业

005

生对这些作业的真实感受。为此，我们于 2012 年 4～5 月对学校四、五年级四个班的 120 名学生一周内的语、数、英、音（音乐）四门学科进行了作业跟踪调查及问卷反馈。之所以选择一周时间，旨在通过调查教师五天作业的布置及学生的反馈情况进一步了解学校教师在作业布置方面存在的问题和亟须改进的地方，通过各科作业的对比整体了解学生在"做"什么。

（一）一周四科作业扫描

在一周内，语文教师围绕教学内容和单元整体教学目标设计了如表 1–1 所示的作业（小学语文第七册第五单元）①。

表 1–1　语文一周作业

口头作业	书面作业	一周拓展作业
◇ 预习 25 课，自读课文，将课文读通顺。 ◇ 口头复述《赤壁之战》（提示：根据课后的提纲进行复述）。 ◇ 周末课外阅读 1 小时。	◇ 基础性作业： 1. 查字典理解加点字的意思，再理解词义。 不计其数　　丢盔弃甲 自不量力　　调兵遣将 2. 照样子写词语： 风平浪静 ＿＿＿＿＿＿　＿＿＿＿＿＿ 龇牙咧嘴 ＿＿＿＿＿＿　＿＿＿＿＿＿ ◇ 阅读理解性作业：带着问题自主阅读课文，熟悉课文人物，了解故事大意。 1. 按课文内容填空。 　　美国的一位总统（　　）早年当律师时为年轻人（　　）辩护。在辩护的过程中，林肯通过（　　　　）、（　　），断定被告是（　　　　），他明白这场官司的关键是（　　　　），紧接着林肯运用（　　　　）揭穿	◇ 你还知道《水浒传》中的哪些人物？ ◇ 阅读四大名著之二。 ◇ 阅读语文报 14 期两篇推荐文章《会飞的兔子》《如果我是……》等。

———————————

① 本书所提教材的版本如下：语文：上海教育出版社九年义务教育版；数学：上海教育出版社九年义务教育版；英语：上海教育出版社牛津上海版；音乐：上海音乐出版社九年义务教育版；科学：上海科技教育出版社版。

口头作业	书面作业	一周拓展作业
	了（ ），成了（ ）。 2. 请用一个恰当的词评价一下这三个人： 曹操（ ） 周瑜（ ） 黄盖（ ） ◇ 综合能力性作业： 1. 详细复述重点段落或课文：如根据水手逗猴子—猴子逗孩子—孩子追猴子—船长救孩子的线索复述课文。 2. 批改作文《玩得真高兴》。	

在一周内，学生的数学作业如表 1–2 所示（小学数学第十册简易方程单元）。因为数学学科采用的是分层作业的方式，所以学生的作业主要分成 A 层和 B 层。A 层比较简单一些，B 层比较难一些，学生可以自主选择。

表 1–2　数学一周作业

A 层作业	B 层作业
1. 下面射线上的各个字母分别表示什么数？ 2. 填空。 3. 下面各字母分别表示什么数？ 4. 用直线把两个相等的式子连起来。 5. 用含有字母的式子填表。 6. 用含有字母的式子填空。 7. 选择。	1. 用含有字母式的式子填空。 2. 解答下列各题（可以借助树状算图求解）： （1）10 元能买 $3x$ 千克橘子，照这样计算，小亚带了 100 元，买这种橘子 $9x$ 千克，可以找回（ ）元。 （2）一瓶油连瓶重 1 千克，用掉一半油后连瓶重 x 克，油一共重（ ）克。

续表

A 层作业	B 层作业
8. 化简下面各式： $12a + a$；　$5b + 3b$；　$6k - 2k$； $38x - 6x$；　$2b \times 6 + b$；　$3x + 6x - 8x$； $3a \times 7 + 2$；$4 \times 3x + 7x$；　$6s + 3 + s$。 9. 在表中填入各式的值。 10. 化简求值： （1）当 $x = 4$ 时，求 $12x + 5x - 6$ 的值。 （2）当 $a = 7$，$b = 5$ 时，求 $32a \div 8 + b$ 的值。 （3）当 $m = 10$，$n = 0.9$ 时，求 $mn - m + m$ 的值。 （4）当 $y = 9.6$ 时，求 $0.4y + y^2$ 的值。	（3）解答下列各题（可以借助树状算图求解）： ①小兔在心里想一个数，这个数的 5 倍减去 13，所得的结果是 18。小兔心里想的是什么数？ ②有一个数，它除以 6 的商再加上 16，所得的和为 20。这个数是多少？

在一周里，学生英语的口头作业和书面作业如表 1-3 所示（小学英语第七册第二单元）。

表 1-3　英语一周作业

口头作业	书面作业
1. 听读并背诵单词。 2. 模仿朗读并背诵课文。 3. 分角色朗读课文。 4. 朗读对话。 5. 根据所给情景编一段对话。 6. 小组表演故事。 7. 学唱歌曲或小诗。	1. 抄写单词并默写（可以选择自己背不出的单词抄写）。 2. 抄写课文并默写（选择一段自己喜欢的内容进行抄写）。 3. 根据所给关键词编一段对话。 4. 根据所给音标写出相关单词。 5. 阅读短文并进行答题： （1）True or false； （2）Read and choose； （3）Answer the questions。 6. 写作： （1）根据所给关键词进行写作； （2）根据所给问题进行写作； （3）根据题目进行写作。

我们也对音乐学科的作业进行了实录。音乐作业如下所示（小学音乐第八册第五单元）：

（1）课堂中所提的问题及音乐技能的练习等；

（2）回家练习课堂上学过的内容，如练习唱歌、指挥等；

（3）向同学介绍网上搜集的音乐知识等相关资料；

（4）创编歌词、音乐旋律并用演唱、演奏等方式展现；

（5）向同学介绍自己喜欢的音乐作品。

根据语、数、英、音一周作业的实录，我们可以了解到当下学校内不同学科作业的基本类型，并由此得出以下几个结论：

（1）教师最关注的是基础型作业。不管在哪个学科，教师首先布置的作业，比例最大的都是那些指向基础知识和基本技能的作业。以语文作业为例，字词的书写、词语的积累都是每天必须要做的内容，就算是阅读理解型的作业，也是采用以课文内容填空的方式。数学学科的大量作业都是纯数学的形式，或者是加上很简单的生活情境，对学生的思维能力要求比较低。这表明，大多数教师将作业视为课堂教学的延伸，是为了巩固课堂上所学的基础知识和基本技能。

（2）教师给学生布置的作业类型比较多样。在这次一周作业追踪中，我们发现，教师试图激发学生做作业的兴趣，尝试布置不同类型的作业。语文作业中让学生阅读名著和小报，英语作业中让学生编创对话、小组表演等，音乐作业中让学生在网上搜集信息、编创相应的歌词等，都与常规作业有所不同。

（3）绝大多数作业是学生可以独立完成的。研究中我们发现，相对于国外较多的合作型作业，目前国内学校教师布置的一周作业中大多数是要求学生独立完成的，而鲜有合作型作业，尤其是数学作业。

（4）实践类和长周期的作业比较少。从目前的作业类型来看，如何让学生进入真实的生活情境，如何进行长周期的作业设计，这方面的考虑比较少。学生的作业基本是零散的，缺乏固定的主题。每个学科的作业学科性非常强，学生缺少统整的体验。

（5）很多学科都有口头作业的方式。这种口头作业的方式是一个鸡肋，如何了解学生的作业过程？如何评判口头作业的质量？这给教师的作业检查带来一定的难度。

（6）总的来看，学生一周的作业量是比较多的。从各学科的整体分布来看，各科作业综合起来，一个学生在一周内的作业量还是比较多的。如何减少学生的作业量，让各科教师在布置作业的时候有一个整体观，也是我们下一步在改进作业设计时需要注意的。

（二）作业类型的学生喜好度分析

在了解了实际的作业状况之后，我们开始分析第二个问题：学生对这些作业的感受如何？这次的调研中，我们是以一周的作业为蓝本，逐项了解学生的作业感受。我们首先是让各科教师自己进行分析，然后将各科综合起来进行整体的分析。在此过程中，我们发现了一件意想不到却很有意思的事情。

各科教师首先统计了学生对本学科各项作业的喜欢程度。很容易理解的是，学生对一些拓展类的作业，如语文中的看课外书、音乐中的课本剧表演等喜爱度很高。但是，有另一个现象也引起了教师们的深入思考，就是学生对一些常规、机械、简单的作业的认可。我们首先来看语文学科中的情况（见表1-4）。

表1-4　语文作业学生喜好度分析

作业形式	内容	喜欢的比例	喜欢的理由	不喜欢的比例	不喜欢的理由
口头作业	听读或自读	100%	熟悉了解课文，上课时易于理解；提高听课效率，可以发言；自己很感兴趣，本来就喜欢阅读	0	—
	背诵或口头复述	65.4%	提供与家长交流的机会；加深印象，巩固所学知识；提高口头表达的能力	34.6%	难度大，怕说错受责备；家长不知道怎么评价，会乱点评；这项作业我总是想背出来，可是老师说太啰唆；会弄到很晚
	课外阅读或口头作文	84.6%	爱读书，时间还可以适当延长；拓宽知识面，了解到许多课外知识；放松心情；自由选择，随心所欲；对学习语文有帮助	15.4%	周末上课太多了，只有20~40分钟的读书时间；不太喜欢看书；觉得一个小时太长，半个小时还可以
书面作业	基础性作业	92.3%	拥有扎实的基础，巩固所学知识	7.7%	这项作业有点太多了；这些基础性作业是可以通过自己利用工具书来找到，（抄写）并不能让我们真实地了解这些从工具书中得来的信息

续表

作业形式	内容	喜欢的比例	喜欢的理由	不喜欢的比例	不喜欢的理由
书面作业	阅读理解性作业	88.5%	深入理解课文内容；可以动脑，提高自己的评价、概括能力等	11.5%	这项作业总是做错；这种作业有一定的难度，有时独自不会完成；我的阅读理解不是很好，就算做好了交上去我也很失望，因为我考得不好
	综合能力性作业	84.6%	增进同学友谊，取长补短；提高能力	15.4%	有点太难了，不会做；已经有了基础性和阅读理解性作业，就可以不用做这项作业了；复述和批改有一点累
拓展作业	你还知道《水浒传》中的哪些人物	96.2%	会对课外知识有一些了解	3.8%	做作业前没有自己读过《水浒传》，是通过问父母亲完成这项作业的，没有变成自己的东西
	阅读四大名著之二	96.2%	本身就喜欢读；进一步了解了故事中的人物和事迹；扩大视野，提高阅读水平，掌握写作技巧；增进和爷爷之间的感情	3.8%	四年级学习重要，这个没有什么帮助
	阅读语文报第14期	100%	喜欢读书；因为图文并茂，文章有趣；可以学到好词、好句，提高阅读能力和写作水平等	0	—

在数学作业中，学生对各种类型作业的感受如表1-5所示。

表1-5　数学作业学生喜好度分析

	内容	喜欢的比例	不喜欢的比例
书面作业	计算题	96.4%	3.6%
	化简、求值题	78.6%	21.4%
	应用题	89.3%	10.7%
	概念题	78.6%	21.4%

在英语作业中，学生对各种类型作业的感受如下：

97.8%的学生喜欢抄写单词、课文，喜欢的理由：很简单，不用动脑筋；能积累好词、好句；可帮助默写；有优惠政策，已经背出的单词可以不用抄写。只有2.2%的学生不喜欢，认为背一下就可以了，不想抄。

95.6%的学生喜欢课本剧表演，喜欢的理由：能熟悉课文，提高理解水平；能发挥表演才能；能学会与人合作；很有趣。4.4%的学生不喜欢，因为要背台词。

93.3%的学生喜欢听读作业，喜欢的理由很多：能掌握正确的语音、语调；熟悉课文内容；有练习口语的机会。

88.9%的学生喜欢课外调查，喜欢的理由：能用学过的句型来完成调查；可以练习口语，学以致用；能更多地了解信息；学会如何与人沟通。有11.1%的学生不喜欢，不喜欢的理由：调查很烦；爸爸不肯和我做调查，嫌我烦。

86.7%的学生喜欢背诵作业，喜欢的理由如：能记住课文内容；能积累好词、好句；给写作打基础；锻炼记忆力；做练习时，可以参考课文内容。当然，也有13.3%的学生不喜欢，理由如：很难，要死记硬背；会弄到很晚。

86.7%的学生喜欢改写句子，因为：能熟悉语法；能解决生活中的实际问题；能与人交流；能使用不同的句型表达自己的意思。有13.3%的学生不喜欢，因为很难。

80%的学生喜欢写小作文，喜欢的理由：能了解学过的句型；为我们学过的知识做总结；能表达自己的观点；可以让老师知道自己会的；为与他人的交流打基础。有20%的学生不喜欢，主要是因为：会有好多处是错的。

77.8%的学生喜欢阅读理解，喜欢的理由：能积累好词、好句；可以帮助我们进一步理解意思；理解意思，做出正确的回答；练习阅读的能力；熟悉文章，对阅读更感兴趣。22.2%的学生不喜欢，因为会弄到很晚。

音乐学科的教师也分层抽取了不同类型的学生对识记、分享、创作和合作四种作业的看法，最后得出的结果是：喜爱识记类作业的学生比例为55.9%，喜爱分享类作业的学生比例为17.6%，喜爱创作类作业的学生比例为14.7%，喜爱合作类作业的学生比例为11.8%。

（三）为什么学生喜欢"简单基础"类作业

上述结果和我们的预期有些出入。原本我们以为学生会更喜欢分享类、实践类作业。但是，在学生倾向性以及相关的喜好原因的分析中却显示：学生也很喜欢"简单基础"作业。教师们经过分析，发现这种现象在各类学科各类学生中都普遍存在。在数学中，对成绩较好的学生来说，做较难的应用题和概念题有时还是会出现失分，计算对他们来说只要认真便能全对；而学困生由于学习基础较差，分析能力不强，他们最容易把控的便是计算了。在英语中，有97.8%的学生喜欢抄写单词、课文，是所有英语作业类型中比例最高的。在音乐中，有63%的学生认为完成以复习为主的识记类作业对自己的帮助更大，这也是各类音乐作业中比例最高的。

简单，在于不用动脑筋；基础，在于对考试有用。但是，"简单基础"并不包括"背诵记默"。事实上，涉及"背诵记默"的作业，学生的认可度相对要低一些。比如语文中有三分之一以上的学生不喜欢这一作业。数学作业中涉及概念背诵的，学生的认可度也相对要低一些，学生更喜欢做简单的计算题。如何分析学生这种对"简单基础"类作业的倾向性，教师们进行了深入研讨。

1. 师生对"基础知识与技能"的追求

什么是学习？我们看到，教师所布置的作业大多是针对基础知识与技能的，学生也对基础知识与技能类的作业感兴趣。如果一项作业和知识与技能太遥远，有些学生会持否定的态度。我们发现，学生对作业有很强的目的性，如果他们认为这种作业对自己巩固知识有利，他们就会很积极地去做，如复述练习可以"加深印象，巩固所学知识，提高口头表达的能力"，阅读理解性作业可以帮助他们"深入理解课文内容，可以动脑，提高自己的评价、概括的能力"等；反之则不然。

我们看到，一位学生写自己"不喜欢阅读四大名著"的理由体现了明确的目的性："四年级学习重要，这个没有什么帮助。"我们看到，师生对基础知识与技能的追求一方面可以引发学生对作业的积极认可，从而更好地去完成作业，但是另一方面，如果目的性太强烈，只将与当下的学习直接相关的知识类学习视为"学习"，只将学习理解为"成绩的获取"，是危险的，它会导致学生过早地失去对经典的探究能力，只是关注狭隘的眼前的利益。

2. "害怕出错，追求正确率"的心理

在作业研究的过程中，我们发现，学生在做作业时，心里考虑较多的是解题的成就感，因此学生普遍喜欢的是简单的、方便的、熟悉的、容易上手的内容，而有难度的、有挑战的、有不太熟悉内容的作业学生则不太喜欢。有些学生在完成计算难度不高、只要仔细就能获得满分的作业中获得较多的成就感，而对需要用知识迁移来完成的作业，则表现出了畏难的情绪。基础类作业的内容主要是以复习课堂上学习过的内容为主，相对于其他几类作业，完成起来比较简单，所用的时间短，学生完成这类作业的风险最小，所以有相当一部分学生会偏受这类作业。

害怕出错与订正所带来的麻烦有关，也与教师的处理有关。学生害怕来自教师或同伴的负面评价。这类学生比较关心作业的结果而不是过程，他们的目标只有一个，就是答案是否正确、成绩是否优秀，只要取得高分，就心满意足，而很少考虑如何运用知识去解决生活中的实际问题，如何在做作业过程中锻炼自己的创造性思维。这样，他们就不可能从作业中体验到创造性劳动的乐趣和运用知识解决问题的成功与喜悦。

3. 过重的课外学习负担对学生学习时空的挤压

在作业的跟踪调研中，我们发现，学生所面对的任务并不只是完成教师布置的作业，80%以上的学生会在平常、双休日有额外的补课安排，学生可自由支配的时间非常少。在这种情况下，如果教师再布置一些需要花费很多时间和精力的作业，如让学生创编一些歌曲，学生即使喜欢，也会很难有时间去完成，最后不得不借助于家长的力量或在网上下载了事。比如对"周末阅读一小时"，有学生说：周末上课太多了，我只有20～40分钟的读书时间。

4. 学生缺少完成合作、实践类作业的能力与支持

为什么在教师看来有趣的拓展题、合作的动手题、长周期的实践题不受学生喜爱？我们不得不反思教师过往的作业布置行为，从中我们发现，教师在一贯的作业布置中把重点放在了所谓考试习题类的作业形式上，对原本喜闻乐见的拓展类、合作类和实践类作业缺乏指导与反馈，久而久之也影响了学生的喜好。

在一周作业调查中，我们看到学生对待合作类作业的态度是又爱又恨。不少学生表示喜欢合作类作业，但是在完成中却由于同伴间的能力差异，合作学习所需要的时间、空间等原因，很难开展合作，有时还不如自己一个人完成来得快。学生每天接触的作业类型，主要是以个体完成为主。一旦要求他们合作完成，其间就会产生种种问题。

在本次小组学习的任务中，最能体现合作学习的一项是创编8小节能体现不同人或动物行进脚步的旋律并用不同的形式表现出来。但在作业反馈、展示的过程中，学生表现出来的合作性却不强。有些组明显没有进行具体分工，到了台上才临时决定表演成员；有些组倒是有角色分工，但唱归唱、演归演，完全没有配合；还有些组甚至把表演任务完全推给几个同学。虽然在要求学生完成作业的两周里，针对如何在小组学习中进行分工与合作的话题，教师已经进行过两次讲解和指导，还明确提出本次作业的

成绩是以小组总体表现来记录的，但最后的呈现还是在"合作"上存在不少问题。

由于以往的学生作业常以个体作业为主，而且作业成绩是以个人为单位来评定的，因而一些学生认为没必要与同伴合作，合作反而浪费时间。而且，一些成绩好的学生还怕别人超越自己，不愿意与别人合作；而一些学习有困难的学生则在合作作业中有依赖思想。这样一来，学生很难体验到合作完成作业带来的智慧、和谐与快乐。

长周期作业有两个特点：一是内容是拓展的，不是死记课本知识就能完成的；二是需要长期坚持，不是立竿见影的，也不是靠突击就能成功完成的。面对这样的特点，一些习惯于照课本完成作业的学生就对长周期作业表现出畏难情绪。同时，学生的兴趣和关注点往往容易变化，所以在做长周期作业时容易虎头蛇尾。再加上时间一长，中间会发生许多预料之外的事情，也会给长周期作业的完成增加难度。

三、用教师作业札记研究学生作业心理

面对学生作业调研所呈现的数据，面对学生在作业中的种种心理，学校提出以一种新的方式——作业札记，来关注学生做作业过程中的一些有趣现象，并据此分析学生的心理，然后重新审视教师设计、布置或批改、反馈等做法，进行作业设计的研究。一年多来，教师们每月写1～2篇札记，共形成500余篇札记。札记中教师们就以往习惯性的作业设计到底与学生心理是否吻合做了重点研究，并把研究结果用于新作业的设计，不断激发学生完成作业过程中的正向情感体验。

（一）观察学生的作业表现

教师们在作业札记中经常会观察学生如何完成教师布置的作业。一般他们会在完成一项既定教学内容后布置作业，随后跟进了解学生完成作业时的表现，同时通过学生完成作业的情况反思第一次布置作业时存在的问

题，据此对作业进行调整。

如一位语文老师根据学生升入三年级面临的写作问题先后布置了两种类型的作业练习，通过比较、反省后写下了这样的作业札记：

经过几次测验与作文撰写，发现学生写作水平参差不齐，而且差异较大。经与学生交流，发现他们普遍对教材中的作文、练习上的作文不感兴趣。为此，我增加了提高写作水平的一项作业——每天早读时要求学生摘抄一个好段或几个好词、好句。学生为了"抄以平用"，背、默、读，可试行了半个学期后，学生的写作水平并没有得到提升，怎么办？经过认真思索，我打算从学生不喜欢被动的抄写、更爱形式多样的写这一心理角度出发，改变作业策略，变机械抄写为合作写，由积累摘抄变为循环日记。试行第一周，五个小组的故事接龙中，有两组到星期三就把故事写完了，周四、周五接龙的只能重复原来的。根据学生喜欢学习先进的心理，我将较好小组的文章在全班进行讲评，希望对他组有帮助。第三周还出现与第一周类似的情况，于是针对学生更喜欢直接接受的心理，再次改变策略，拿出有问题的循环日记让同学点评。第四周，情况有所好转。循环日记坚持了一个学期，学生故事编写得有条有理、有声有色。实践表明，循环日记改变了以往作文教学的刻板定式，日记的撰写锻炼了学生的观察力，学生之间心灵得到沟通，思维得以碰撞，在快乐中不知不觉提高了写作水平。

从上述教师的作业札记中我们看到，教师通过一次又一次的作业布置后的反省，结合学生心理机制，引导学生从个体完成到同伴合作，达到了作业的实效。

批改作业是教学工作的常规内容之一，是教学的一面镜子，是对课堂教学的反馈和延伸。通过批改作业既能及时反馈教师教的效果，又能反馈学生学的情况，可以更好地促进教学相长。通常数学作业的批改，教师习惯于用"√"、"×"来评判正误，采用百分制、等级制等对学生作业进行评价。这种方法，在评价学生学习成绩、判断解题过程和方法、比较学习差异方面有一定的作用。一位数学老师在一次偶然的作业批改后进行了如下反思：

> 以前，我用"√"、"×"批改作业，课堂上，往往会出现这样一幕：学生拿到下发的作业本时，得了高分的优秀学生兴高采烈，得了低分的"差生"神情沮丧，但无论是优生还是"差生"，对于错题，并不马上纠错，而是要在老师的明确要求下才进行改正。我教的是低年级学生，他们拿到错题更不知道错在哪里，不知道如何订正，于是学生们能拖就拖，我常常要采用紧盯战术他们才会完成订正任务。

> 每天，盯学生订正错题占用了我批改时间的一大半，而且学生一次订正成功的准确率也不高，只有50%的准确率，于是我想到了改变批改的方式，目的是让学生对于错题能尽快地订正而不是一味地逃避。我尝试着用提示的语言，如格式不对了、字写小点、计算错了等，慢慢地，学生接受了这种简单的提示，最明显的变化是学生订正的准确率提高了，学生也尝到了这种批改的好处。

从这位教师的做法中我们不难发现，原来对于错题，学生不是不愿意订正，而是有时不知道怎样订正，或者格式不知道怎样写，现在教师采用的这种批改方式更有利于沟通师生之间的思想感情，对调动学生的学习积极性、促使学生养成良好的学习习惯有着重要的作用。

从以上两个案例我们可以看到，教师通过观察学生的作业表现，对作业布置进行反省、修正，使学生积极地、主动地参与教学活动，增进了作业中学生个体与同伴的交流，使学生获得成功的喜悦，从而对学科本身产生学习兴趣。

（二）访谈学生对作业的感受

通过作业札记的撰写，教师们逐渐养成了对自己教育教学活动开展尝试性研究的习惯，希望通过对某种作业现象的跟踪研究，找到自己教育教学的问题所在，也希望通过研究找到学生学有所困的原因，更重要的是能依据分析的原因，寻找到教育教学的规律性东西，从而提升教师教和学生学的效能。

如一位英语老师在四年级下册 Module 3 Unit 2 "TIME" 这个单元里，对英语分层作业进行了追踪探索：

我将 "TIME" 这个单元分成4个课时去完成。本次设计的作业主要分为3个层次：

第一层次：

It is Saturday. It is fine. The lis are going to the park. They are going to there by bus.

Now they are _____. They can see _____.

It's ten in the morning. They are playing in the park. Ben is _____. Kitty is _____. Mr and Mrs Li are _____.

It's twelve at noon. They are hungry. Kitty _____. Ben _____. Mrs Li ___ _____ Mrs Li _____.

After lunch, they tidy up the table. And go home. How happy!

第二层次：

word box：weather：fine, sunny, the sun is shining…

activities：go by bus, have walk, fly a kite, ride a bicycle, smell the flowers, take some photos, tidy up…

patterns for you to use：…want to…, …can…, …like…, …see,…

What a …!

It is _____.

They are _____.

It's time for lunch _____.

After lunch, they _____.

第三层次：

_____

_____

教师设计了分层作业后，不同层次的学生相继完成了作业。随后教师又对三个层次的学生就完成作业时的真实想法进行了个别访谈，内容如下：

层次1——给我的填空，我能很快地完成，完成后，我读了读，很容易记，我对自己的英语写作有信心了。

层次2——我很喜欢老师给我的句式和词组，这样我就可以在作业中积累句式和词汇，这也让我明白，英语作文究竟应该怎样才会写好、不出错。我感到老师给我的句式和词组，可以帮助我纠正语法上的错误，更好地写作文，让我的作文写得更丰富多彩。

层次3——我比较喜欢自己写作的形式，因为这样可以开阔自己的思维，把作文写得更有趣，把自己的想法全写出来，让自己的想象更加丰富。这可以自由发挥想象，更具挑战性。我比较喜欢老师不给我任何写作的提示来写作，如果老师给了我写作框架，我就不能运用在外面学到的句型和词汇了。老师如果只给写作题目的话，就可以锻炼我的想象力，让我进行发散性思维训练，使作文不再呆板、无趣。这样的形式可以让我自由发挥，我能把校内外学到的知识结合起来，让作文写得更有文采，同时还能开阔我的思路，把学到的东西运用在实际的写作上。

通过英语分层作文的跟踪探索，教师了解了不同层面的学生对英语分层作文的真实想法，为进一步开展后续的分层作业研究打下了基础。

语文默写作业作为一项常规作业，一直是教师们探索的方向之一，一位高年级语文老师在关于这方面的跟踪探索中这样描述：

原先一篇课文上完，我让全班统一抄写生词，第二天默写，默得不好的学生留下重新默写。现在我改变方法，取消抄写，加强回家默写力度，要求家长批改、签名，学生订正，第二天默写。三次满分可免默一次并有资格批改全班同学的默写作业，80分以上只需要在默写本上订正，80分以下就要抄写词语，不合格的学生除上述两项以外还要重新默写。

对前后两种做法我进行了一次学生访谈。学生分成三类。

A 类学生：默写极好，经常默写满分。

学生1：不管用哪种方法，我的目标都没有改变过，都是考满分。

学生2：第二种方法让我觉得很有面子，免默和给同学批改是一种荣誉。

B 类学生：默写尚可，容易因粗心而失分。

学生1：我在上课时会对难写的字特别注意，争取不在默写中写错，默写的时候比以前更仔细了。

学生2：我有过一次免默，觉得很开心，就像收到了生日礼物。

C 类学生：基础较差，默写不够理想。

学生1：我觉得这样我的作业比以前多，因为默得不好还是要抄写，还要重新默写。我觉得比以前努力，别人不用抄我要抄，就感觉是受到了惩罚。

学生2：有时候家长不在家，或者批改错误，第二天还要被老师批评，这不划算，所以有时候我就偷偷在学校让同学帮我默好，回家让家长签名。

通过改革默写以及学生跟踪访谈，教师进一步了解了该项作业在学生中的认可度，为后续如何设计此类作业做好了铺垫。

从以上两个案例中可以看出，教师充分考虑了不同层次学生的实际情况和兴趣，有针对性地调控作业难度和类型，设计不同层次的作业，既实事求是，又因人制宜，从而让每个学生在适合自己的作业中取得成功，促进学生有个性化、差异性的发展。同时，教师在作业现象的跟踪探索过程中了解学生的真实想法，及时调整作业布置的策略，增强了作业的实效性。

(三) 收集学生的作业问题

学生在作业中的困惑、困难、抱怨都是教师们开展新的作业类型探索的源泉。如一位语文老师发现每当新学期开学前夕，许多学生都会为了忙着补做假期作业而苦恼，堆积了一两个月的作业一下子要在几天之内完成，学生大多叫苦连天，针对这种现象，该老师改革了暑期作业的形式。

她借鉴了网上一篇关于创新作业形式的文章，列出了几项作业，让学生自行选择会做的、感兴趣的去完成，于是"作业超市"诞生了。

在寒假时，我在班中开展了"作业超市"的尝试，对作业进行了分层设计。第一，在作业量上进行控制，采取因人而异的方式，根据学生的期末成绩来定夺他们要完成的基本作业量，促使他们在期末认真复习，尽力考出好成绩，减轻自己的假期负担。除了在作业量上不做统一要求，我还参照学科的年段要求，梯度设计了一些学生较易出错的单项题，如连词成句、理句成段、形近字辨析等，让他们加强训练。第二，在作业类型上采取基础巩固类和拓展提高类相结合的方式。这样，既能让学困生巩固基础知识，又能让学有余力的学生有更多的收获。另外，我还加入了一些口头作业，例如读拼音卷、读课外书等，使笔头和口头作业相结合。不仅如此，教师还将原先比较机械的抄、默课后词语的作业改为分类积累词语，这样让学生在抄的时候就有归类的意识，如描写人物心情的有哪些，描写人物外貌的有哪些，描写人物动作的有哪些。这样，不仅抄了词，对词语的归类和应用也有所感悟，一举两得，让学生从机械性的识记转向有意义的识记。第三，在作业方式上进行改进。传统作业因为带有强制性，学生处于被迫完成状态，所以总是提不起兴趣。在作业超市中我采取的是自主选择模式，将选择权交给学生，让他们自己选择想做的作业。第四，在作业评价方面，与班中实行的敲章奖励制度结合。根据不同的作业量和难易度，设置相应的奖章数量。比如，选择完成单项练习的学生能得5个章，完成课外阅读的能得10个章，选择写周记或日记的学生，每篇文章都能得1个章。

进入中年级后，学生的知识需求面更广了，能力也有所提高，通过"作业超市"的尝试，我们看到了学生从被动完成作业到主动投入做作业的可能性。新作业形式的探索向我们呈现了受学生欢迎、活泼有效的作业形式。这一学生喜闻乐见的作业形式正是根据学生年龄特点和心理特点设计的，既激发了学生完成作业的兴趣，又提升了作业的品质。

（四）剖析具典型意义的作业样本

所谓学生作业样本，就是指教师在布置作业后，随机抽取具有代表性的作业本进行分析，以此了解大多数学生的作业行为心理。

如一位自然老师在教学《营养与消化》一课后，布置了活动作业：观察大米，完成观察统计表。然而在上交的作业里，有20%～30%的作业中的统计数字很奇怪，观察统计出来的数字均为整数，如200、300等。该老师在作业札记中这样写道：

课后，召开了这一部分典型作业的学生座谈会。大家不约而同地说到是家长提议这么记录的。因为虽是一小把米粒，但也要数老半天。

那么，那些精确到个位的学生是怎么数的呢？我又有选择性地找了这部分学生来问。有些说真是一粒粒数的，有些说数累了就随便写了数。我追问，那为什么不写整百、整千的呢？他们说："这一看就知道是猜的，没数过。"

那么多人在"作假"，到底是谁错了?! 反复思考后，我觉得是"作业错了"。于是修改了作业的不合理处，新设计的作业如下所示。

一饮料瓶盖的米粒观察统计	
普通米粒＿＿粒	碎米＿＿粒
较小米粒＿＿粒	带点米粒＿＿粒
其他＿＿粒	
	合计＿＿粒

从数字反馈上看，作业的可信度明显提高。

从这位老师的作业札记中我们可以看到，教师通过对典型学生的分析，修正了作业设计，让科学探究成为可能。

同样，在一位语文老师的实践作业设计中，老师根据学生的心理，结合本班一位典型学生的问题，有针对性地设计了作业，并在札记中记录下来。

你能想象一个极其不爱写作业、每天不是不交就是少交作业的学生会对班报的编辑上了心吗？要知道从他上学开始，他便心不在学习上，成天和电视动漫、游戏机、模型打成一片。也许这该追溯到他起笔名的时候。

开学初，我告诉学生在班报上发表文章可以像那些大作家一样取一个具有个性、有意思的笔名。等学生的随笔本收上来一看，小凌竟给自己取了个"老虢"的笔名。无论从易写、易记还是从其含义的角度来看，这无疑太雷人了！于是，我只得给他留言："哇塞，这是个多么冷僻的'虢'字，尽管音近'果'，但似乎写起来难度很大嘛！看来你很怀念将虢国太子起死回生的神医扁鹊啊！"隔天看到他的留言："一开始，我发现这个字时没想它的意思，还傻傻地以为它意味深长呢！其实，我根本没考虑它的意思。"我不禁有些释然。而这天的随笔他写的正是自己取笔名的前前后后，真可谓一波三折哪！就这么个怪名字，你能想到它的由来吗？

"我起先脑海里忽闪一道光束——利用在游戏 CF 里的昵称'老诺'、'蝈蝈'、'铁钉'这三个昵称，从中各抽一个字，组合成了'老蝈钉'这么个笔名。我得意地向妈妈炫耀，不料妈妈以没人会用虫子旁的'蝈'骂自己为理由，说我怎么不查查清楚。我忙去查了字典，果然'蝈'这个字的意思不怎么好。这时看到旁边'周代诸侯国有东南西北四虢'的'虢'字，这便取了个'虢'字作笔名。"

他如此坦诚地写了满满一页的文字，从作业的完成历史记录来看真是"破天荒"！这个"破天荒"打动了我，教我不敢轻视他的想法，教我要尊重他的决定。小凌和"老虢"这个笔名的故事光荣地登上了第一期班报的头版，着实教他扬眉吐气了一回。后来，他的随笔也多次在班报上刊登，引起了同学们的关注。一次班会谈到家长对班报的看法，有位同学提到家长对"老虢"的作品颇为青睐时，小凌喜上眉梢，开始自称对语文最感兴趣了。尽管之后的他仍不时地少做作业，但对随笔这项作业真是不厌其烦，信手拈来。

从上述案例我们可以看到，每个人都向往尊严和美好，这是一个人内在的需要和期盼。当作文成为这样一种生命活动的价值取向的时候，学生必然会去追逐它，这就是主动写作。从上述案例中，我们不难发现，教师需要在研究学生心理的基础上设计更有效、更科学、更能让学生主动投入的作业，让学生体会作业带给自己的愉悦和成功。

四、在"精讲精练"中纳入学生作业心理

长期以来，中小学一直在探索"有效作业"这个课题，以达到减轻学生过重的课业负担和提高教育质量的目的。为此，一种主要的方式是让教师"精讲精练"，以此减少学生的重复作业和无效作业。但从目前学生的"被动、消极、沉重"的作业表现来看，作业设计中仅有"精讲精练"是不够的，作业设计需要学生知识。

(一) "精讲精练"的问题

所谓"精讲"，就是教师选择重要的知识点进行重点讲解；所谓"精练"，就是教师在备课中准确把握教学内容的重点、难点，针对学生的实际水平，用心设计最具有典型意义的练习，力求让学生对所讲知识能做到举一反三、灵活运用。"精讲精练"，一是指内容精要，二是指作业量精减。

然而，"精讲精练"实施几年来，学生的作业情况并没有得到明显改善，学生课业负担过重的情况依然存在，学生的作业质量依旧不理想。从作业的内容看，所谓精要的内容是教师根据教材的重点、难点确定的，但学生对这些内容的感受如何？是否有利于调动他们的作业兴趣和积极性，使他们获得成功的体验？再从作业的量看，精减是由教师根据教材进行筛选后确定的，对作业量的把握往往带有教师的主观意向。事实上，不同的学生对作业量的需求是不同的，教师以为精减了的作业量，也许对有些学生而言会感到不满足，而另一些学生则可能感到量过大了。

"精讲精练"，还是停留在教师作业行为的领域，是教师根据学生的知识掌握情况对作业内容进行的筛选。这是基础，但是还不够。要让学生的作业

行为发生变化，需要经过两个环节。第一个环节与教师的行为和心理有关，教师要根据课程标准、教学目标、学生学情将教材中的作业转化为给学生布置的作业。而第二个环节的重点则与学生的行为和心理有关，学生要将教师布置的作业转化为自己做的作业。这两个环节是相互依存的，教师布置的作业如果不能激发学生的兴趣和投入，那么，这一作业的有效性就会大打折扣。而"精讲精练"主要解决的就是第一个环节，他要求教师有更加精准的目标意识，对自己布置的作业进行选择，但它很少考虑到第二个环节。

针对这种情况，我们有必要改变研究的思路，即不能简单地从教师的主观愿望去考虑作业的有效性问题，而是必须从我们的教育对象出发，深入研究学生的作业心理，了解他们的作业过程以及影响他们作业心理负担的因素，这样我们在布置作业时就会更有针对性。当然，了解学生的作业心理，并不等于无原则地认同学生的想法。学生毕竟正在成长过程中，他们的认知尚不成熟，考虑问题尚不全面，这就需要我们加以正确引导。因此，了解学生的作业心理，进而引导学生的作业心理，把作业的有效性建筑在学生心理机制的基础上，才能从根本上改变作业负担重而作业质量差的现状，从而达到"聚焦课堂，追求实效"的目的。

(二) 作业中的"知识本位"倾向

为什么教师在作业设计中缺少"学生知识"？这并不是一个简单的要教师关注学生兴趣的问题，而是有其文化根源和历史原因的，这和我们国家根深蒂固的对作业的功能认识有关系。在研究过程中，我们发现，不管是国内的注释、文献，还是教师、学生对作业的讨论，都彰显出作业的知识本位倾向。比如《辞海》将作业解释为"为完成生产、学习等方面的既定任务而进行的活动"。而《教育大辞典》则把完成学习任务的作业分为课堂作业和课外作业两大类。课堂作业是教师在上课时布置学生当堂进行的练习，课外作业是学生在课外时间独立进行的学习活动。这也就是我们平时经常说的作业的认知功能和习得反馈功能。

而教师和学生又是如何认识作业的呢？当我们把"作业，到底是什么?" 这个话题抛给学校的老师们时，大家纷纷各抒己见。

教师 1：作业是检测教学目标是否达成的工具。我们可以通过作业的布置及批阅及时了解学生对教学目标的掌握情况。

教师 2：我认为作业是学生习得的一种反馈形式。教师可以通过作业的布置及反馈进一步掌握学生习得的情况，以便组织下一步的教学任务。

教师 3：单元测验是评价学生经常用的一种形式，而我觉得作业也是评价学生的途径之一。

教师 4：我觉得作业是学生思维与能力的表现。我们可以通过布置作业培养学生的思维，提升学生的学习能力。

教师 5：我个人觉得作业可以成为师生沟通的重要载体。教师可以通过批阅学生作业、写评语增进与学生的沟通。

……

从教师的发言中我们可以发现，虽然教师们对于作业的认识各有不同，但其核心定位却一直聚焦于知识的巩固、反馈以及学生学习能力的提升上。"你觉得作业是什么?" 当我们又把这个话题抛给本校的中、高年级学生时，学生们也表达了自己真实的想法。

学生 1：我觉得每天一定量的作业可以让我们把课上的内容巩固一遍。

学生 2：我觉得作业不是一种负担，因为它能如实地反映出我们上课是否认真听讲。我觉得做作业时尽量不要问家长，因为作业是考验我们自身的学习情况。合适的作业能让我们的学习更有效果!

学生 3：作业是对学习的巩固，在课堂上听老师讲课是在学习，晚上在学校或在家做作业是在巩固自己的学习。

学生 4：我认为作业是智慧的结晶，你只有认认真真做作业才能证明你会了、你懂了。

学生 5：作业在我的眼里是一种收获知识的方法。

……

由此不难发现，教师和学生对作业的看法是存在一致性的，都是将作业看作知识技能的训练和课堂的延伸。

（三）融合"学科知识"和"学生知识"的作业设计

有效的作业设计需要两方面的知识基础：学科知识和学生知识。这两者关注的问题是截然不同的。前者重在回答：如何形成基于标准的练习体系、如何用更少的作业达到同样的训练效果等。而后者重在回答：怎样的作业更能激发学生的内在投入、怎样的作业规则能让学生形成良好的作业习惯等。如果我们只关注某一方面，就会偏离学生作业的意义的航向。

以往在对学校"精讲精练"的尝试中，主要是通过对课程标准的解读、知识点的梳理，试图产生富有逻辑性的学科知识训练体系，而这种做法正是基于作业的知识本位。这一点对于小学生来讲，是远远不够的。

小学阶段是人生的起始阶段，小学阶段的学生作业应该着力增进儿童对于学科的内在兴趣。作业质量的好坏，归根结底取决于学生学习主动性的发挥程度，也就是学生对作业是否真正投入。在这个问题上，涉及一系列的学生知识：首先，如何让作业的内容符合学生的作业心理，让学生对作业感兴趣，尽量减少机械化的重复，而多一些引导学生动脑、动手，有发挥想象和创造空间的作业。其次，作业的难易度如何符合学生的实际，过难的和过易的作业都不会引起学生的兴趣，"跳一跳，能摘到果子"的作业才能使学生体验经过努力获得成功的快乐。再次，作业的量如何适合学生的年龄特点，小学生持续做作业的时间不宜过长，但作业量过少也不利于学生对知识的巩固。安排恰当的作业量可以使学生感到学有余力，能愉快胜任。当然，作业的规则与要求的设计也要考虑，学生只有对作业的要求充分明确了，对作业的方法、要领切实掌握了，才会对作业感到有把握，才会对作业全身心投入。

作业，尤其是小学阶段的作业，不仅在于巩固所学知识，更在于良好的作业习惯、态度、心理品质的养成。这其中涉及一系列的学生知识：人都有一定的惰性心理，如何通过规则的设计与形式上的创新，让学生勇于克服不能坚持、畏难、三心二意等不良的品质？如何通过与家长的沟通和家庭作业氛围的营造，减少干扰学生作业的环境因素？

小学阶段的作业应该成为联结学生与学生、学校和家庭的纽带，这其中也涉及一系列的学生知识：我们的课堂学习是一种集体学习的方式，全班学生和教师组成学习共同体，这种学习方式的好处在于能让集体中的成员互相切磋、共同提高。每个学生的生活体验和学习基础不一样，甲生熟知的也许是乙生所不知的，乙生擅长的也许是甲生所薄弱的。合作作业正是提供了互相交流、取长补短的平台，从而起到"头脑风暴"的作用。但是，合作作业中让哪些学生搭配成小组，给他们分别布置怎样的合作任务，如何评价合作作业，这些都是难点问题。而当作业进入家庭或社区，就意味着要将教材中的内容进行拓展，将他们学到的知识进行灵活地转化，这样的基于真实情境的作业设计需要教师融合学科知识与学生知识，对于习惯了知识本位作业的教师来讲，是一种新的挑战。

但不管有多大的挑战性，我们都认为，这种挑战是有意义的。这意味着教师向学生敞开了心灵，而且教师也要善于让学生打开心灵之门。教师关注的不是自我、自己有多聪明，不是向学生显示自己的知识有多渊博、作业批改有多认真，而是帮助学生寻找到他们的优势和力量所在，学习他们想要了解和需要了解的东西。①

---

① 本章执笔者：冯至兰、夏雪梅。

第二章
学生的作业心理机制

作业心理机制看起来是一个非常抽象的概念，我们不妨先来看两个例子。学生 A 到家休息一会后马上拿出作业本，看好开始做作业的时间，有条理地开始做作业，遇到不会的题目就先留着，做完再来攻克那些难题，做完作业，他仔细地检查，改正了一些错误，最后，记下完成作业的时间。而学生 B 到家后，先吃东西，又看了一会儿电视，然后才开始写作业，但没写几道题，他就坐不住了，又找出零食吃了起来，等到吃过晚饭，他还有将近一半的作业没有完成。妈妈不停地催促他快点写，并帮他检查错误。

为什么学生 A 和学生 B 的作业行为与表现有如此大的差异？就是因为他们有不同的心理机制。作业心理机制看似很抽象，但事实上，当我们试图回答"学生是如何完成作业的"、"学生作业完成的结果怎样"、"为什么有的学生能认真按时完成作业而有的学生却不能"等若干问题时，其实我们就是在探讨学生的作业心理机制。

一、心理学视野中的"家庭作业"

"机制"一词源于希腊文，原指机器的构造和运作原理，借指事物的内在工作方式，包括有关组成部分的相互关系以及各种变化的相互联系。在 Merriam-Webster 词典中，"机制"是涉及或导致某些行动、反应和其他自然现象的一系列相关的基本活动或过程。[①] 学生的作业心理机制是指学生完成作业时的基本心理活动过程，以及该过程中影响学生作业完成的心理结构与成分以及各成分之间的相互作用。

当我们说"作业的有效性"时，往往是从教师的角度、从知识点完成的角度、从教学方法的角度来考量作业，而作业心理机制则是聚焦于微观的学生主体。长期以来，关于作业的研究一直是围绕"纯教学"的视角展开，强调的是作业与知识点之间的关联、作业的有效性，而很少聚焦于微观学生，探究其如何完成作业的心理机制。

在第一章中，我们描述了学校了解学生作业心理机制的过程与方法，这是研究的根基。在掌握了大量关于"现实中学生是如何作业的"细节的基础上，我们进一步在心理学的架构中澄清"学生完成家庭作业意味着什么"。

（一）一种自我调节的学习过程

作业是一种自我调节的学习过程。自我调节学习不仅能够提高学生在校学习的质量，而且是个体终身发展的基础。自我调节学习是一种主动的、建构性的学习过程。在这个过程中，学生首先为自己确定学习目标，然后监视、调节、控制由目标和情境特征引导与约束的认知、动机和行为。自我调节学习活动在学生的个体、环境和总体的成就中起中介作用。[②] 自我调节学习过程一般涉及四个子过程或要素[③]。

第一，学习的内在动机性因素，其中包括自我效能感、学习的价值信念、学习兴趣、归因倾向、合适的目标定向等。如果上述内在动机性因素的组合达到优化程度，学生就会自我激励去学习。

第二，认知策略系统，其中包含的是关于各种认知策略是什么、在什

①　梅里亚姆－韦伯斯特公司. 韦氏词典［M］. 11 版. 北京：世界图书出版公司，1996：455.

②　Pintrich. The Role of Goal Orientation in Self-Regulated Learning ［M］ // Boekaerts, Pintrich & Zeidner. Handbook of Self-Regulation, Academic Press, 2000：452－501.

③　庞维国. 自主学习：学与教的原理和策略［M］. 上海：华东师范大学出版社，2003：82－84.

么条件下使用、如何使用的知识。在自我调节学习的过程中，个体要根据任务调节从认知策略系统中选择相应的认知策略，并在这一过程中执行这些策略。

第三，元认知过程，包括学习的计划过程、学习的自我监控与调节过程、学习的自我评价过程、学习的意志控制过程等。自我调节学习主要通过个体自己来完成对学习的计划、监控和调节。因此，元认知是个体独立学习不可缺少的条件。

第四，学习环境的营造或利用过程。在自我调节学习的过程中，需要利用学习的物质与社会资源，如适时地寻求他人的学业帮助、主动选择或营造舒适安静的学习场所、掌握从图书馆或其他途径查阅自己所需学习资料的方法等。

作为一种典型的自我调节学习活动，与其他学习活动相比，家庭作业表现出如下特征：其一，家庭作业通常在学校以外的时间完成，学生完成家庭作业的时间与休闲娱乐的时间会形成冲突和竞争；其二，家庭作业通常在家中完成，家庭这一学习场所中存在许多干扰因素，不利于学生集中精力关注于作业；其三，家庭作业的完成没有教师的监督。以上特征表明，家庭作业是一种典型的自我调节学习活动，完成家庭作业涉及一个自我调节学习的过程。自我调节学习领域的研究专家齐默曼明确指出，家庭作业的成功完成需要自我调节学习，学生需要通过自我调节设置作业目标、选择恰当的学习策略、保持动机、监控过程并对作业结果进行反思。[①]

在自我调节学习的诸多理论派别中，科尔诺所提出的意志理论[②]更适合用于解释学生的作业完成过程。有别于大多数自我调节学习理论，意志理论强调意志控制在获得目标过程中的作用。所谓意志控制，是当面临内外

① Bembenutty. Meaningful and Maladaptive Homework Practices: The Role of Self-Efficacy and Self-Regulation [J]. Journal of Advanced Academics, 2011, 22: 448 – 473.

② Boekaerts & Corno. Self-Regulation in the Classroom: A Perspective on Assessment and Intervention [J]. Applied Psychology: An International Review, 2005, 54: 199 – 231.

部干扰时，维持个体获得某一具体目标意图的思想或行为。意志理论认为，在学生的学习动力系统中，既有动机成分，又有意志成分。动机成分在于增强学生学习和执行任务的意图，意志成分主要是维持学生的意图，使之不受其他竞争性因素的干扰。意志控制对于完成家庭作业尤为重要，能对学生在作业中投入的努力起维持作用。在完成作业的过程中，学生需要独立管理自己的作业，包括进行时间规划，进行作业的环境管理，集中注意力，保持或提高做功课意图的强度，面对困难的作业任务保有恒心，抑制外界干扰因素，对做功课时伴随的不良情绪进行调节等，[1] 用这些意志策略来控制自己，以坚持完成作业。

(二) 作业对学生发展的心理意义

1. 作业对学生学习与发展的积极影响

第一，作业对学习成绩有提升作用。这是作业通常最为人所知的功能，库柏（Cooper）对家庭作业的 50 项相关研究进行元分析后发现，年龄是调节作业时间与学业成就之间关系的重要变量。对中学生而言，作业时间与成就之间存在较强的正相关，而对于小学生，二者之间存在微弱的正相关甚至是零相关。[2] 研究者对于该现象做出了如下解释[3][4]：其一，由于注意力发展不完善，家庭环境中的分心刺激可能导致低年级儿童的家庭作业效率下降；其二，年龄小的儿童一般还未形成有效学习习惯，这减弱了家庭作业对成绩的促进作用；其三，年龄较大的学生或成人能够意识到长期学业成就的获得与坚持完成作业之间的关系，而儿童则难以意识到作业的这一长周期的价值。但是，不管怎样，我们认为家庭作业为小学生提供

---

① Corno. Looking at Homework Differently [J]. Elementary School Journal, 2000, 100: 529 – 548.

② Trautwein. The Relationship between Homework and Achievement: Still Much of A Mystery [J]. Educational Psychology Review, 2003 (15): 115 – 145.

③ Cooper & Valentine. Using Research to Answer Practical Questions about Homework [J]. Educational Psychologist, 2001, 36: 143 – 53.

④ Warton. The Forgotten Voices in Homework: Views of Students [J]. Educational Psychologist, 2001, 36: 155 – 165.

了课堂外练习的机会，有利于促进小学生对基本技能的掌握，加深对所学知识的理解。适量的作业有利于提高小学生，尤其是高年级小学生的学业成就。

第二，作业有利于提高学生的自我调节学习能力。家庭作业是典型的自我调节学习活动，家庭作业为学生提供了参与自我调节活动的机会，在完成家庭作业的过程中，能够提高学生的自我调节学习能力，如元认知调节能力、情绪调节能力、时间管理能力、环境控制能力等。Xu 等人的研究发现，对于不同年段的学生来讲，作业将学生的学习带入到其日常生活当中，和许多具有竞争性的其他活动并列在一起，学生需要承担更多的责任组织他们的学习环境，并监控他们自己的学习活动，从而发展了自我调节的能力。①

第三，作业有利于培养学生的积极心理品质。如前所述，尽管研究发现，小学生的家庭作业时间与其学业成就之间存在较弱的正相关甚至是零相关，但美国家庭作业研究专家库柏依然主张小学生应该有家庭作业。他认为，对于儿童而言，家庭作业可以帮助他们形成良好的学习习惯与性格品质。② 在完成家庭作业的过程中，学生能够形成自律、遵守作业规范、敢于面对困难并克服困难、坚持、抵御诱惑、对学习的责任感等积极心理品质。心理学家科尔诺指出，家庭作业是学生的工作，它使学生学会如何忍受枯燥，锻炼了他的意志力，促进其责任感与纪律意识的形成。③

第四，作业有利于提升学生的合作与沟通能力。家庭作业是学生在课外时间所从事的活动，学生可以在课外的任何时间完成，在包括学校在内的任何地点进行。作业活动时间、地点的特殊性，为其活动方式的灵活性提供了保障，可以是单独活动、小组活动、班集体活动、与家庭成员一起

① Xu. Purposes for Doing Homework Reported by Middle and High School Students [J]. Journal of Educational Research, 2005, 99: 46–55.

② 胡苇. 国外中小学家庭作业问题的研究及启示 [J]. 外国中小学教育, 2007 (12): 52–55.

③ Corno & Xu. Homework as the Job of Childhood [J]. Theory into Practice, 2004, 43: 227–233.

活动等。① 学生在完成小组或集体形式的家庭作业的过程中,能够提高团队合作、人际沟通与交流能力等社会能力。

2. 作业对学生学习与发展的负面效应

作业也会对学生心理发展产生负面效应,具体表现在以下几个方面:其一,过多的作业会导致学生产生焦虑、厌烦情绪,对学习失去兴趣。王静娴通过对我国中小学家庭作业价值观的调查发现,作业的负面功能中较常出现的情况是:学生因作业压力大而产生心理负担;部分学生产生逆反心理与厌学情绪,并且,随着年级的升高,这些现象呈递增趋势。其二,过多的时间用于完成作业,剥夺了学生休闲与参与课外活动的时间,减少了学生与同伴及家长社会交往的机会,不利于学生社会能力的发展。其三,作业导致了一些不良品质的产生,如抄袭作业、作弊等。②

二、影响学生完成作业的因素

作为一种活动过程,自我调节学习既需要内在必要条件,也需要外部支持条件。作为自我调节学习的典型活动,学生完成作业并不是一个简单的过程,从教师设计、布置作业到学生完成作业,其实涉及多种影响因素。

(一)作业的外部特征

1. 作业特征

(1)作业内容特征。作业内容特征包括作业数量与质量方面的特征。作业的数量特征即我们通常所说的作业量,通常通过作业频率与作业长度两个指标加以理解。

---

① 任宝贵. 凯洛夫家庭作业观反思 [J]. 全球教育展望,2010 (2):7-10.
② 王静娴. 我国中小学家庭作业价值观研究:师生视角的双重透视 [D]. 武汉:华中科技大学教育科学研究院,2006:11-12.

作业频率：教师在一定时间内布置作业的频率或次数。

作业长度：教师所估计的班级层面上学生花在作业任务上的平均时间。

研究发现，作业量与学习成绩之间并不呈绝对的正相关。适量的家庭作业可以提高学习成绩，但过量的家庭作业会导致疲劳、增加学生压力与对学习的消极态度，从而产生负面影响。[①]

与作业数量相比，作业质量对学生作业动机与行为以及作为作业结果之一的学业成就产生的影响更大。高质量的家庭作业是"精心选择的恰当学习任务，能够持续地诊断每一位学生的学习进步情况与学习困难，并通过补救性教学为学生提供有效的帮助"[②]。在作业领域的研究中，通常通过作业的选择性与挑战性来反映作业质量：

作业的选择性：作业是否有趣、作业是否能够促进学生的理解、作业是否整合了课程内容、作业是否体现了知识的关联性与系统性、作业是否有利于学生所学知识在现实生活中的迁移和应用，等等。

作业的挑战性：个体所知觉到的作业难度，涉及作业是很容易完成还是需要付出很多努力这一问题。有挑战性的作业是对学生个体而言中等难度的任务，它的难度高于学生的现有水平，但又不过于困难。

研究发现，如果学生知觉到作业是经过精心筛选的，不管是在学生层面还是班级层面，学生都会表现出较高的作业动机与较好的作业行为，而且在班级层面能够从学生对于作业选择性的知觉预测其学业成就。[③]

从作业的挑战性上看，过于简单的作业任务不会给学生带来成功所需的技能水平的提高，不能满足学生的成就感，容易导致厌烦情绪；过于困

① 李涛. 家庭作业与学业成绩的关系 [J]. 心理科学, 2011 (3)：642 - 646.

② Helmke. Learning from Wise Mother Nature or Big Brother Instructor：The Wrong Choice as Seen from An Educational Perspective [J]. Educational Psychologist, 1995, 30：135 - 142.

③ Trautwein. Homework Works if Homework Quaility Is High：Using Multilevel Modeling to Predict the Development of Achievement in Mathematics [J]. Journal of Educational Psychology, 2010, 102：467 - 482.

难的作业任务则很少给学生带来成功的结果，导致学生产生畏难心理，容易放弃，并且往往因为需要付出过多的努力而带来能力感的降低；中等难度的作业任务是学生经过努力可以实现的，它能使学生从中体验到技能的提高，使学生感受到通过努力自己对作业活动的控制，同时给学生带来能力感。许多研究发现，重复性任务及过于容易的作业内容与学生成就之间存在负相关，学生更愿意选择完成认知参与度较高的作业，这类作业对学业成就产生的影响更大。[①]

（2）作业控制。作业控制对学生的作业动机与作业完成同时具有积极与消极的影响。

作业控制：教师对各种作业特征的控制力度，学生在这些作业特征中拥有多大的参与权。

在教师对作业控制较严格的班级中，学生更有可能完成作业，因为教师控制增加了完成作业的价值，但有些学生也有可能为了完成作业而出现抄袭作业行为。而且，控制的环境会损害学生的学习动机以及他们的自主性与能力感。研究发现，当学生对家庭作业具有选择权时，他们表现出了更强的完成作业的内部动机，具有较强的完成作业的能力感，能完成更多的作业，且具有较高的单元测试分数。[②]

（3）作业反馈。

作业反馈：教师对作业的批改、评定与评价。

作业批改能够促进学生对家庭作业中存在的错误在认知上得到证实或纠正，并对错误进行监控和反思。研究表明，没有获得批改反馈信息的学生，对自己的学习情况往往心中无数，若有了错误可能一错再错，以致形成消极思维定式。有了批改反馈信息，学生能够及时了解自己的学习进步

① Trautwein. Do Homework Assignments Enhance Achievement? A Multilevel Analysis in 7th Grade Mathematics [J]. Contemporary Educational Psychology, 2002, 27: 26–50.
② Patall, Cooper & Wynn. The Effectiveness and Relative Importance of Choice in the Classroom [J]. Journal of Educational Psychology, 2010, 102: 896–915.

与所存在的问题，学习成绩很可能稳步上升。① 评定是指对学生作业进行成绩上的判定。小学生学习动机的一个典型特点是以外部动机为主②，成绩、分数这样的外部刺激对他们具有非常有效的激励作用，所以对小学生的每次练习给予评分，有助于学生增强学习动机，从而提高学习成绩。

2. 家长参与

家长参与是学生作业完成过程中的重要外部支持条件。小学生的自主学习水平较低，其学习的依赖性很强，很难脱离教师或其他成人的指导。③如前所述，家庭作业是需要以自主学习形式来完成的学习任务。如果缺少家长的参与，小学生的家庭作业往往难以有好的质量。因此，家长参与在小学生完成作业过程中显得尤为重要。有关家庭作业的研究发现，家长参与对于学生的作业完成具有两方面的作用④：从积极的方面来讲，家长参与不仅有助于学生对作业和学校形成积极的态度，而且能够激发学生的积极作业行为，提高作业完成率，进而影响学生的学业成就；从消极的方面来讲，过多的家长帮助与监督不仅妨碍了学生的学习效果，而且不利于学生在完成作业过程中的自我调节能力的发展与学习责任感的形成。研究表明，在诸多影响学生家庭作业完成的家长参与因素中，家长对学生自主性的支持、父母与孩子之间的交流及父母对家庭作业所赋予的价值等因素，能够影响到学生的作业动机，进而影响学生在作业中所付出的努力。⑤

(二) 完成作业的个体因素

1. 作业动机

根据小学生的身心发展特点，小学生的作业动机主要涉及自我效能

① 姜丽华. 优化小学生课外作业反馈环节的研究 [J]. 教育科学, 2001 (4): 31 - 32.

② 庞维国. 自主学习: 学与教的原理和策略 [M].上海: 华东师范大学出版社, 2003: 127.

③ 同②, 第91页。

④ Hoover-Dempsey, et al. Parental Involvement in Homework [J]. Educational Psychologist, 2001, 36: 195 - 209.

⑤ Trautwein & Ludtke. Students' Self-Report Effort and Time on Homework in Six School Subjects: Between-Students Differences and Within-Student Variation [J]. Journal of Educational Psychology, 2007, 99: 432 - 444.

感、任务的内在价值与效用价值等动机信念。

自我效能感是指个体对自己是否能够成功地进行某一行为的主观判断，它是个体的能力和自信心在某些活动中的具体体现。对于家庭作业而言，学生的自我效能感非常重要。首先，面对教师布置的作业，只有当学生觉得自己有能力完成时，才愿意主动去完成作业。反之，就会退缩和逃避。其次，自我效能感的高低决定了学生愿意在完成作业的过程中付出多少努力，当有外在刺激干扰或遇到困难时能够坚持多长时间。再者，自我效能感的高低还决定了在家庭作业完成过程中遇到挫折情境时耐挫力如何。

任务的内在价值指个体在参与任务过程中所经历的乐趣或者对某一任务内容的主观兴趣。有关研究表明，兴趣对于注意过程、学习的质量与水平、学习者对学习策略的选择、学习的坚持程度以及学生在完成任务过程中的选择都有积极的作用。① 对于低年级的小学生来讲，作业内在价值的作用更为明显，如果他们对作业的兴趣越高，则越容易投入其中，而且在遇到困难时也越会坚持。

任务的效用价值即完成某一任务能帮助个体达到一个短期或长期目标的价值。学生对不同的作业赋予不同的效用价值，并决定在此任务上的认知投入程度。由于作业是教师布置给学生的学习任务，同时并不是所有的作业都是有趣的，在这种情况下，学生要坚持完成作业就必须认识或体会到作业的效用价值。当学生将当前的作业活动与个人长远目标相整合，就能产生持续的努力与坚持以及学习的责任感。由于心理发展水平的限制，小学高年级的学生对于作业的效用价值会有更多的体会。

2. 作业情绪

研究发现，情绪影响学生的学习动机、学习策略的使用和学习兴趣。积极情绪可以提高学生的学习动机和努力程度，促使他们更灵活地、创造

---

① Hidi & Renninger. The Four-Phase Model of Interest Development [J]. Educational Psychologist, 2006, 41: 111 - 127.

性地使用学习策略，并有利于学生的自我调节学习；有些消极情绪（厌倦、失望等）则会降低学生的学习动机和努力程度，使学生更多使用一些刻板的学习策略，并激发学生依靠外部来调节学习。① 作业情绪作为学生在完成作业的过程中伴随而产生的各种情感体验，如高兴、厌倦、失望、焦虑、气愤等，对学生的作业动机与行为同样会产生类似的作用。换个角度来讲，如果学生在完成作业的过程中没有体验到消极情绪，教师的作业布置才是有效的。② 对于小学生而言，由于其内在的意志力发展不完善，其作业行为受情绪调节的作用更大。

3. 作业行为

作业行为包括适应性作业行为与非适应性作业行为。适应性作业行为是由积极的作业动机、信念所引发的对学生完成作业产生正面影响的积极行为。小学生的适应性作业行为包括以下几个特征：（1）较高的作业完成量。有关作业完成量与学生学业成就之间关系的研究发现，与未完成作业的学生相比，完成作业的学生的考试分数更高；不管是高年级学生还是低年级学生，家庭作业完成量越多，其学业成就测试中的分数越高。③ （2）较多的作业努力。作业努力行为使学生能够顽强地克服作业完成过程中的困难，排除外界干扰，集中精力实现完成作业。研究发现，学生在家庭作业中投入的努力越多，其学业成就越高。④ （3）较多的主动用于完成作业的时间。心理学家卡罗尔（Carroll）认为，有主动用于完成作业的时间是认真作业行为的表现。大多数研究发现，家庭作业投入时间更多的学生有更好的学习成绩。（4）较高的作业认知参与度。学生在完成作业过程中的

① 徐先彩，龚少英. 学业情绪及其影响因素 [J]. 心理科学进展，2009（1）：92－97.

② Trautwein. Between-Teacher Differences in Homework Assignments and the Development of Students' Homework Effort, Homework Emotions, and Achievement [J]. Journal of Educational Psycholgy, 2009, 101：176－189.

③ Epstein & Van Voorhis. More than Minutes：Teachers' Roles in Designing Homework [J]. Educational Psychologist, 2001, 36：181－193.

④ Trautwein & Ludtke. Students' Self-Report Effort and Time on Homework in Six School Subjects：Between-Students Differences and Within-Student Variation [J]. Journal of Educational Psychology, 2007, 99：432－444.

认知投入程度，包括学生完成作业时所采用的认知策略与元认知策略。研究表明，认知参与度是学习动机的重要行为指标之一，它是产生深度理解与学习的关键认知过程。[①]

非适应性作业行为是当学生不能或不愿意完成作业时，为保护自我价值而采取的各种策略。有研究者对学生的非适应性作业行为进行了系统梳理[②]，其中与小学生较为相关的有以下几种：（1）拖延，这是小学生中比较常见的一种非适应性作业行为，其典型表现是找各种理由、参与各种活动，就是不写作业，一直到最后一刻才开始写作业；（2）错误调节，即采取的自我调节策略并不利于作业的完成，比如学生选择边看电视或边听音乐边完成作业，并认为这样做有利于自己集中注意力；（3）调节不足，是指学生不能设置目标并保持目标，面对诱惑或干扰时不能进行自我控制；（4）与父母相连，完成作业时过度依赖父母，甚至什么时候完成作业也由父母决定，完成作业过程中需要较多的父母监督或帮助。总的来讲，非适应性作业行为不利于学生的学习与发展。

三、学生的作业心理机制：一种整合的心理模型

基于作业完成的过程是自我调节学习过程的本质，结合影响小学生完成作业的相关因素，我们尝试建构出一个小学生的作业心理机制模型，如图2-1所示。

（一）完成作业的过程

与其他形式的自我调节学习一样，学生完成作业的活动也涉及个体、环境、行为三方面因素的交互作用。自觉完成作业的学生不仅要对自己的

---

① Pintrich. Motivation and Classroom Learning [M] // Weiner. Handbook of Psychology：Educational Psychology. Hoboken：John Wiley & Sons Ltd，2003：103 – 122.

② Bembenutty. Meaningful and Maladaptive Homework Practices：The Role of Self-Efficacy and Self-Regulation [J]. Journal of Advanced Academics，2011，22：448 – 473.

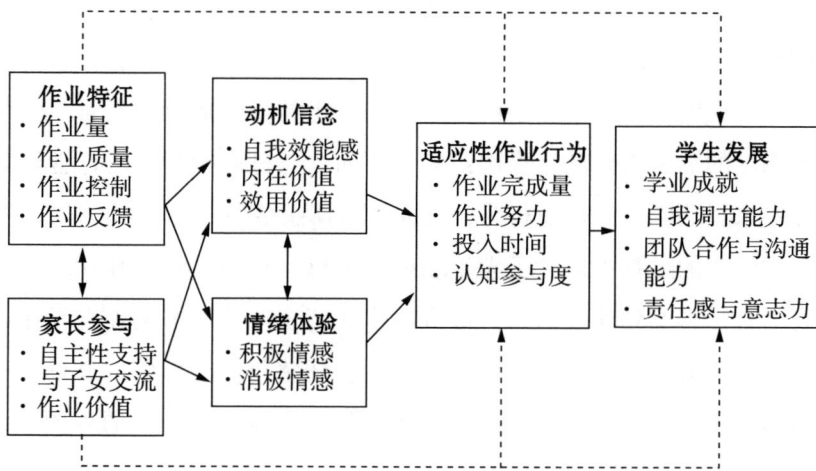

图 2-1 小学生的作业心理机制模型

作业过程做出努力监控和调节，而且要基于外部反馈对作业的外在表现和学习环境做出主动监控与调节。完成作业的过程是一种对学习的自我控制过程，是一个不断循环的反馈回路。在这个回路中，学生设置作业目标，然后运用各种策略去实现目标，如果发现自己的行为偏离了作业目标，就要对自己的作业动机、作业行为策略进行检讨与反省，并对作业过程进行调整。如此循环往复直至达到作业目标、完成作业。

该模型中，学生完成作业的过程涉及三组要素：（1）完成作业的条件，包括作业任务条件、认知条件与家庭支持条件。作业任务条件是教师操控的变量，主要包括作业量、作业质量、作业控制、作业反馈等；认知条件是学习者的个体特征，是教师观察、控制或努力施加影响的变量，主要包括学生的性别、认知能力差异、性格等；家庭支持条件主要指学生完成作业过程中的家长参与状况，包括家长对学生自主性的支持、父母与孩子之间的交流及父母对家庭作业所赋予的价值。（2）完成作业的过程，是学生调节自身认知、情绪、动机与行为完成教师布置的作业的过程。该过程主要涉及学生的动机信念、情感体验与作业行为。（3）作业结果，是作业的完成对学生学习与发展所产生的积极影响，具体包括学生的学业成就、自我调节能力、团队合作与沟通能力、责任感与意志力等。

该模型中，作为学生完成作业的外部支持，作业特征和家长参与一方面直接影响到学生的作业结果，如有关研究发现，作业质量会直接影响到学生的学业成就，家长参与不仅会影响到学生的学业成就，而且对学生积极学习态度的形成也会产生作用；另一方面，通过影响学生的作业动机与情感体验来影响学生的作业行为，进而影响作业结果。

完成作业的过程中包含了学生动机、情感与行为的相互作用。学生的作业行为直接影响到作业结果，适应性作业行为导致积极的作业结果，如较高的学业成就、良好的自我调节能力、责任感与意志力等，非适应性作业行为不利于学生成绩的提高以及与作业相关积极心理品质的养成。学生的作业行为直接受到动机信念与情感体验的影响，积极的动机信念与情感体验导致适应性作业行为，而消极的动机信念与情感体验容易导致非适应性作业行为。此外，动机信念与情感体验是调节作业特征和学生作业行为之间关系的中介变量，即作业特征通过对学生的动机信念与情感体验产生作用，进而影响到学生的作业行为。

（二）完成作业的自我调节能力的获得机制

1. 作业责任感的形成，使学生完成作业的过程从他控发展到自控

在学生完成作业的自我调节能力没有发展完善之前，学生的作业活动通常需要他人来管理约束，学生要按照教师或家长的要求被动甚至机械地完成作业。如果学生在完成作业的过程中，能够体会到自我效能感的不断增加及其伴随而来的积极情感体验，他们会乐于在作业中投入努力与时间，进而更容易体会到作业完成对学习成绩的直接作用，由此学生逐渐就能认识到作业完成的价值，并将作业的价值内化，形成对作业的责任感。作业责任感的形成，使学生产生主动完成作业的意愿，并对自己的作业活动进行自我调节与监控。

2. 从有意识的监控到自动化的自我调节，促使良好作业习惯的养成

在学生完成作业的自我调节能力不够强的情况下，学生的作业时间管理、作业环境控制、作业动机与行为调节等过程常常是在高度集中的意识

水平上依次发生和进行的，需要付出足够的注意和长期的努力。随着学生对作业的调节能力的不断提高，作业完成过程中所需的各种策略及调节过程变得日趋娴熟，意识控制的成分逐渐减少，最终达到自动化的水平，从而促使良好作业习惯的养成。

四、基于心理机制的七个作业设计原则

由于不清楚学生是如何看待、思考作业的，什么样的作业特征有可能引发怎样的作业成效，在作业的设计中，很多时候教师往往是根据知识点选择作业。有时，教师虽然关注到了学生喜欢的作业形式，试图增加新奇有趣的辅助成分，设计分类、分层作业等，但对于为什么要这样做，如何用这种方式改进学生的作业心理，进而调整学生的作业行为，往往还没有深入的思考。上文所述的心理机制源于教师们的实践和研究者们理论的磨合，带有一定的抽象性，它们对于教师的作业设计有哪些启示呢？本部分提供了基于心理机制的七个作业设计原则。实践表明，这七个原则可以应用到教师日常的作业设计中，并给教师提供一种作业设计的方向。它们之间并不是非此即彼的关系，而是有内在联系的。好的作业设计可能同时涉及作业设计的几个原则。

（一）要从学生视角理解作业的特征

在图 2-1 的作业心理机制模型中，我们发现，为了要让学生产生良好的作业行为，并通过长期的良好作业行为发展其自我调节能力、社会能力等相关的作业品质，教师所设计的作业特征固然重要，但是都必须通过学生这一中介变量，即学生自己是如何理解并看待这些特征的。我们可以用简图 2-2 表示。

这对教师的作业设计来说至少意味着两点。

第一，学生眼里的作业量、作业难度、作业批改方式等作业特征，与教师认为的不一定吻合。

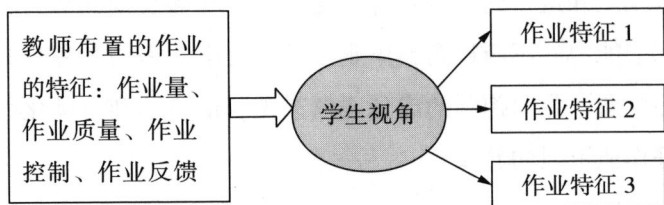

图2-2　学生视角中的作业特征

作业量问题集中表现了教师和学生视角之间的冲突。从现有的研究来看，同样的作业量，教师往往会低估作业量，会认为"我的作业量是很少的"，而学生习惯于将作业量扩大，所以教师需要理解学生眼中比较合适的作业量是多少，因为对学生的作业行为产生影响的，是学生所认为的作业量，而不是教师认为的作业量。

正如第一章所说，作业批改中我们也经常发现这种不一致的认知，如有教师认为：

及时地、有针对性地指出或纠正学生的知识缺失，同时，面对面地交流能更好地融洽师生关系。（教师1）

就学生互批而言，由于生生之间语言贴近，比较好沟通，可以让学生了解彼此的学习情况，通过互批提高学生的判断能力和自我纠错的能力，还有助于培养学生之间的合作。单独订正，则更可以让学生得到教师的个别化辅导，最具针对性、实效性。（教师2）

但在随后对学生的调查中，令人惊诧的数据出现了，喜欢面批的学生占21%，喜欢单独订正的学生仅占14%，而在"同学互批作业"的选项中，各年级的大多数学生选择了"不喜欢"，全校的不喜欢率达到了71.22%。当我们继续考察原因时，这些学生给出了"面批、互批"的学生视角（见图2-3、图2-4）。

在学生的视角中，尴尬、浪费时间、羞愧、有压力、自卑感等成为他们否定面批的主要理由，下面的描述表明他们在面批时实际上经历的是与教师所认为的完全不一样的心理历程。

百分比（%）

百分比（%）

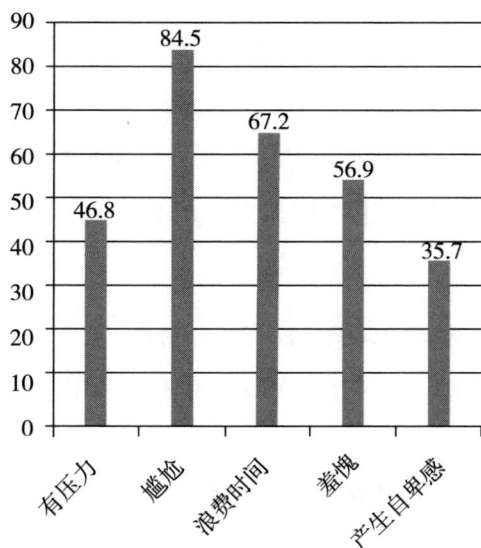

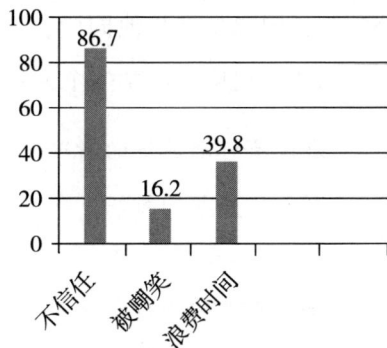

图 2-3　学生不喜欢面批的理由　　　图 2-4　学生不喜欢互批的理由

"面批时太紧张，生怕错了，万一老师当场对我发火，心里会很难过。"

"如果错了，就会感到自己粗心、不认真，不是一个好学生，会产生一种自卑感。"

"这种办法使我感到十分害怕，大家都不敢到老师办公室给老师批作业，错的话，可能会被批评，十分羞愧。"

"占用了玩的时间，看着那些人玩，我很羡慕，我想下去活动活动……"

"太烦了，每天被锁在教室里订正这个，面批那个……"

由于在实际的课堂情境中，个别辅导、单独订正往往针对学习困难学生，所以这些学生在一次次的单独订正中，强化了自己作为"学困生"的角色，而对于中等以上的学生来说，似乎认为单独订正只是发生在学困生身上，一旦这种事情落在自己身上，就更觉得羞愧难当。

"……我是个中队干部，在众老师面前单独订正，我怕老师们会嘲笑我一个中队干部的作业还要单独订正……"

"……被老师要求单独订正会让我感到难为情，所以我不爱单独订正。"

单独订正也会让学生产生孤独感。因为孤零零地一个人留在教室或办公室中，周围没有其他同学，学生容易产生"被孤立"的感觉。而"互批"就带有更鲜明的学生个人色彩。

"在没有标准答案的情况下，同学批的正确率没有老师的高。"

"在互批作业的时候，同学很苛刻，如汉字的笔画上稍有一点不规范，同学就会批上叉。"

"如果互批的两位是好朋友，就会先将错误的改掉再批上钩。这对其他同学是不公平的。"

如果我们仔细分析从作业设计到批改的全过程，就会发现这种不一致甚至冲突的视角时刻存在。在上述情境中，教师认识到了作业的批改形式可以带来认知上的更好反馈，但在操作过程中，却没有考虑到认知反馈的前提是建立在学生接受的基础上，在各种作业批改的形式、流程的设计上有欠周详。教师们在研究中发出了这样的感悟：

老师更多的是从学生学习掌握的结果出发，一旦学生没有达到标准，就会流露出"恨铁不成钢"的情绪，进行不合宜的指责。这让学生觉得难堪，特别是在他人面前。我们要想达到批改的效果，必须有意地注意自己的行为与态度，多鼓励学生，避免出现让学生反感的语言和肢体动作。如果需要单独订正，老师可以轻声地告知学生，这样就能避免其他同学的另眼相待，保护学生的自尊。重要的是，让学生能在放松的心态下接受老师的批改，努力让学生在情感上体会到老师是在真心地帮助他提高。

这就提醒教师，在作业设计、实施、批改的环节中，都要注意学生的心理，及时与学生沟通，阐明设计的目的和评价规则。如果学生清楚了教师的作业目的，就会避免很多误解。例如在研究一开始，一位英语老师，他在给学生 A、A⁺、B 这些等级的时候是非常随意的，有些学生有几天的作业写得很好、全对、字迹清晰工整，但只能拿 B，另外几天字迹有些马虎，却是 A－，这就会让学生不知所措。如果教师不提供非常清晰的评分规则，学生就会一直揣测教师的意图。反馈的目的在于提供学生学习和教师后续教学的方向，要让学生明晰做到什么样可以拿到怎样的分数或等级。

第二，不同类型的学生在面对同样的作业时，会产生很大的认知和情感反应。

如果说第一点更多的是阐述学生整体与教师在作业上的思维方式存在差异之外，这一点则说明在学生群体之间，也存在很多差异性的表现，而准确地把握不同学生群体的心理特征对作业设计是很有助益的。

有一位教师，在上完了《小豌豆》这节课后，布置了一道写话练习，让学生二选一：（1）请以小豌豆的口吻改写第二部分的内容；（2）小男孩把小豌豆当子弹打出去，其他四颗小豌豆的命运会怎样？请选其中 1 颗，编一个豌豆的故事。

在教师看来，这两道题的难度是递增的。第一题借助文本进行改写，比较简单，而第二题比较难。教师的预设是，大部分学生会选择第一题，而对那些学习能力较强的、有创新意识的一小部分学生则会选择第二题。但是，当他批阅完所有的作业时，却是大跌眼镜。虽然正如他所料的大部分学生选了第一题，但是选第二题的却主要是学困生，只有1~2 个成绩优异生选择了第二题。这是为什么？

教师就此询问了学生关于第二题的看法。在不同的学生眼里，同一道题却表现出了不同的特征。成绩优异生之所以不选第二题，在于一种稳妥的策略，选择第一题，虽然要写的内容比较多，但是不会错，不用订正，而选择第二题可能就需要重新修改，又要增加额外的努力。而那1~2 个成绩优异生之所以选择第二题是认为该题有意思，题目的不确定性给了他们想象的乐趣。而学困生之所以选择第二题是因为第一题改写的内容太多了，要有几小节，而重编可以少写一点。

在这个案例中，教师、不同类型的学生在同一道题目上都表现出了不同的认识，体现出了很大的差异性。由此可见，学生个体是作业设计中至关重要的调节因素。不管教师和家长设计出怎样的作业特征，都要经过学生个体才能产生作用，关键并不是教师和家长发出了什么样的作业信号，而在于学生认为教师和家长发出了怎样的作业信号。所以，在现实的教育场景中，我们经常会发现，有些教师布置的作业需要学生花费比较多的时间，还要动脑筋才能完成，但他的学生却能高高兴兴地把它们做完，做完后还很有成就感；而另一些教师布置的作业虽然花费的时间比较少，但学生却要将其留到最后。如果忽视了学生个体在其中的调节作用，教师布置的作业有时候会达不到预期的效果。

（二）要关注学生作业品质的养成

所谓作业品质，是指学生是否能够产生适应性的作业行为和相对应的心理品质，包括主动的时间投入、认知上的参与、作业完成过程中的坚持和自主等。

一般情况下，教师都会比较关注学生的作业完成情况，这是最显而易见的作业结果，如收作业时会留意哪些学生未交作业，或者交上来的作业的正确率如何。如果哪天作业学生没有百分百完成，教师就会担心甚至焦虑学生的作业完成状态。但事实上，即使是那些完成了作业的学生，也有可能只是完成了而已，他们对于作业的投入程度很低。这就意味着作业对于学生的教育作用并未很好发挥出来。对于小学生来说，重要的是他们是如何完成作业的，他们的作业行为是否合理以及在做作业的过程中遇到问题时，是否能够进行合理的自我调节。

在观察中我们发现，大多数学生在做作业的时候仅以"完成作业"为导向，或是匆忙地写完了事，或是寻找一些投机取巧的方法，作业没有发挥出学生的自我调节功能，反而导致了其他一些不好的品质：马虎、只求完成不求甚解、粗心、抄袭、形成思维定式等。学生做作业的过程实际上就是建构自己对于知识的重新理解的过程，经过反复的实践、练习以及巩固，学生会建构起自己的知识经验。如果只以完成教师布置的作业为目的，而并非在做作业的过程中来逐步养成一种主动投入的学习情感、态度、行为和习惯，那么学生就会逐步成为机械作业的奴隶，而做作业也将逐渐丧失它的意义。

如何突破这一困境？确实需要教师在作业设计中转化思路，从对"作业完成"的关注转移到关注"作业行为"和"作业品质"。教师需要学生表明他们是如何完成作业的，也需要探查学生是否在此过程中形成了良好的作业习惯和心理品质。在这些方面，教师需要家长的帮助，家长可以发挥更大的作用，而不是简单地签个字了事。在网上流传的一位母亲的做法表明家长可以发挥更大的作用。

家庭作业几件事①

1. 放学后做作业：规定时间，到时间就不准他做了。他说没做完家庭作业，明天会被老师罚的，但我告诉他，什么时间做什么事，不能挪用。第二天他一大早起来做，我同样不准，让他哭着上学。从这以后，一直到高中毕业，放学后他都是以先完成作业为首任。

2. 老师布置家庭作业要求家长检查签字：让孩子自己检查，检查好后拿来我签个字就行。签字时询问：你检查后都没错了吧？他确定说没错，我就签字。明明看到有错的题，也不要给他指出来，让他明天的作业本上有一个红叉。面对这一情况，只要说一声"昨天为什么没检查出来"即可，不要太严厉，不要让孩子有担心你打他的时候，一切以讲理为主，这样他下次检查就会认真很多。

在一年级的时候家长就要和孩子好好谈心，让他明白学习是为自己人生打基础，学习不是为了家长，跟家长没关系，家长有家长的责任；让他自己检查是尽量让他管理自己，学会对自己的人生负责。相反，如由家长检查并签字后，第二天孩子回家说"看嘛，有道题错了都没检查出来"，那家长就无言以对了。

① 佚名．家庭作业几件事 [EB/OL]．(2011 - 12 - 17) [2013 - 10 - 04]．http：//www. docin. com/ p - 568732 280. html．

3. 关于听写：我解决的方式是请他用默写的方式来完成。我说你能想到所学的所有生字并默写出来，那不是证明你很棒吗？他把语文书拿来放在我面前，我说把书拿走，妈妈相信你不会看的。

4. 老师告状及罚作业（关于批评）：我儿子在小学一年级时也被罚过。我接他放学，等他做完被罚的作业，同时听老师数落儿子上课如何不认真、如何跟同学发生事情等。回到家后仔细询问情况，是同学不对的，就不批评他；是他自己的问题，就轻声细语给他讲怎么样注意及改正。有一点很重要，家长要用道理解除他有可能对老师产生的负面情绪。打击孩子自信心的主要是家长和老师。如果孩子在学校挨骂了，当晚当妈妈的要把事情了解清楚，化解孩子的情绪，修补他的自信心。人的一生自信心很重要。

在这个母亲的种种措施中，都不是为了简单地完成作业，而是指向更深层次的品质：为自己的作业负责、独立、自主。在我们的研究历程中，也有越来越多的教师表现出了类似的观点。有一位教师创造出了丰富多样的语文作业类型，她在自己的作业札记中写出了她对作业功能的新理解：

我看到学生通过作业，产生了对语文学习的兴趣和喜爱。学生通过作业，不仅获得了知识技能的掌握和提高，更能感受语文就是生活，学习听、说、读、写的本领就是为了未来的人际交流与更好的生活。教师自我减轻批阅的负担，收获与学生心灵的分享和思想的交流，享受与学生通过文字友好往来的快乐！

在这方面也有一些学校做出了新的探索，如利用时间管理软件培养学生在作业过程中的自我管理能力，利用在线交流软件将作业过程中的种种行为进行记录并传送给教师，利用课堂时间简短回顾和交流自己在课后作业中的相关问题，等等。这些做法都是将学生不可控制的"家庭作业"变成了经过教师精心规划和设计的"作业课程"。

（三）要以尽可能少的作业量促进尽可能多的认知投入

在研究中，我们发现，过多的作业量一定会抑制学生在作业中的认知投入。如果对作业量不进行控制，学生是无法投入更多的认知参与的。在研究中，教师布置由学生自主选择的作业时，主要调整的是作业量和作业的认知挑战性两个指标。当教师的指标发生变化时，学生完成作业时的达成度、作业行为的选择和情绪的变化会表现出不一样的状态。我们用图 2-5 来表明作业量、作业的认知挑战性变化后所引发的学生行为表现。

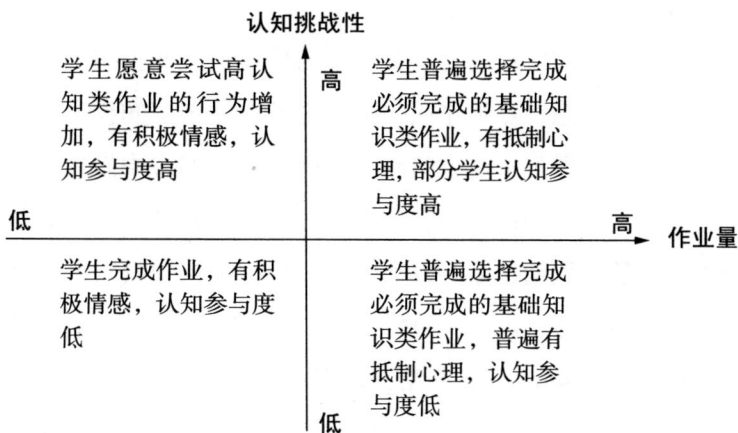

图 2-5 认知挑战性和作业量对学生作业的影响

上图在如何提升学生对作业的认知参与度上给我们以下四个重要启示。

第一，在控制作业量的情况下，通过精心设计作业规则，学生会愿意完成更有挑战性的作业。

西方学者就"多长时间的课外作业才是适量"这一问题进行了大量的调查和深入探究。库柏的研究结论是：1~3 年级的学生每周需有一至三项课外作业，时间在 45 分钟左右；4~6 年级的学生每周需有二至四项课外作业，时间在 60~180 分钟；7~9 年级的学生，每周需要三至五项课外作业，作业时间控制在235～385分钟；10～12年级的学生，每周需要四至五项课外作业，时间控制在385～650分钟。[①]

美国全国家长—教师协会（National Parent–Teacher Association，PTA）对家庭作业的时间建议如下：幼儿园至小学3年级，每天20分钟；小学4～6年级，每天20～40分钟；7～12年级，每天2小时。[②] 上海教委很早就有明确规定：小学一、二年级不准留书面家庭作业，其他年级书面家庭作业应控制在1小时以内。这些规定基本上与国外一些中小学的家庭作业量是相当的。这对我们理解什么是"合适"的量有帮助。

不过，在实践中，有时教师总是担心学生课堂中学得不扎实，所以在布置作业的时候不知不觉总要多加一些量，希望学生进一步巩固所学的内容。而当每科教师都这样想的时候，学生的作业量就变得很大了。过量的家庭作业，让学生只想快点把作业完成，很难专注于认知投入。在我们的研究中，科学学科就遇到了这个问题，教师在全校调查中发现，学生只喜欢短、快、省时的长周期作业，有46%的学生不喜欢需要有较高的认知参与度、难度较大的长周期作业。教师引发学生增加认知投入的一个重要做法就是用作业规则控制作业量。她为短周期作业和长周期作业设置总分值，一学期自选作业满10分为合格，短周期作业因时间短、难度低、成效快等特点，完成积1分，长周期作业因时间较长、难度较高、过程有起伏等特点，完成积5分。教师期望利用"设置分值"这个诱因减少学生在做长周期作业时的负面心理。学生的改变是很显然的，教师写道：

在再次的问卷调查中，原本班中46%选择短周期作业的学生中，现有73%的人开始选择长周期作业了。我们观察并分析学生前后变化的原因，发现有的学生很具有经济头脑：长周期作业虽然时间长、有难度，但是积分高；有的学生则属于"投资理财"中的"保守派"：长周期作业选1项，

---

① Cooper, Valentine. Using Research to Answer Practical Questions about Homework [J]. Educational Psychologist, 2001, 36 (3)：143–153.

② 徐学福. 美国中小学生家庭作业时间与指导 [J]. 外国中小学教育, 2001 (3)：38.

短周期作业选 5 项，凑满 10 分，两个都做，万一长周期作业做不好，至少还有 5 分。

第二，减少低水平的重复作业，增强作业的可理解性。

在对小学生要完成的作业内容的考察中，我们发现存在大量低认知水平的作业，如要求学生背诵或抄默许多人名、地名、诗歌、外文生词、数学符号、概念公式等。由于小学生对这些内容的理解程度不够，所以很多时候即使教师布置的内容材料本身很有意义，但由于小学生不解其意，其感觉到的只是一堆没有关联的符号或语句，也只得采用机械识记的方法。尽管在当下的教育情境中，由于外在制度和评价的原因，作业的机械性不可能完全避免，但是教师应尽量在保证作业有意义的前提下让学生理解所学知识，避免机械作业。如何根据学生的不同认知能力和基础，设计符合学生认知水平的作业，以打破学生在做作业时的机械、刻板思维，引发学生主动的认知参与，并有更积极、主动的思维，是教师设计作业时需要考虑的重要问题。

当前教师布置作业的认知目的是较为单一的，主要是为了巩固课堂上所学的知识，让学生在熟练的操练过程中加强记忆、提高技能。大多数的常规作业都是这个目的，所以这些作业的认知要求往往都不高，学生只需要简单地回忆课堂中所学知识，对一些有较强学习能力的学生来说，可能在教师讲解之前就已经会了，更不用说经过 45 分钟的学习，如果在课后还要他去做大量的练习，学生会认为这样的作业非常容易，他只是在进行重复操练。而对另一些学生来说，由于这些作业只是课堂内容的复演，课堂上没有听懂的他还是不能理解作业，作业中还是不断重复以往的错误。

如果学生发现自己的作业具有一定的认知挑战性，又是自己经过努力可以完成的，而且教师对自己有较高的期待，学生就有可能产生较高的自我效能感。而重复性的任务以及太容易的作业，不容易让学生产生自我效能感，反而会降低学生的认知投入。因此适量的、具有挑战性的作业，比重复的机械作业更能够让学生产生较高的内在兴趣和学业成就感，学生对自己的能力也会有更完整的认识。学校的李强老师提出"多朗读比简单的读、写更有效；多构思比单纯的读、写更有效"就是运用了这一原则。他打破在一节课中对学生进行作文指导的传统做法，以一个较长的周期让学生经历多样的作文活动。在这个周期内，运用预设、暗示、铺垫、模仿、强化等教学方法，将下一次作文的具体要求、方法、知识、技能等化解在生活感悟、课文阅读、名篇阅读、佳作朗读中。这种用课程意识来设计作业的方法，避免了学生在作业本上低水平的重复，提升了作业的认知挑战性。

第三，作业分层的目的不是固化学生的认知水平，而是激发学生的认知挑战性。

很多教师采用分层作业的方法，将学生分成 A、B、C 三个等级，为不同等级的学生布置不同层次的作业。在这种做法背后，其实隐藏了一种教育的观点："这个学生学习能力不行，他就只能做这样的题目。这个学生能力强，就应该做难度高的题目。"这种观点从本质上是违背作业的教育价值和对学生的心理发展意义的。它存在这样几种弊端：第一，很多家长认为分层是教师的歧视心理，将学生分成三六九等，容易带来家校的不和谐；第二，学生很容易受到教师期望的影响，低水平的学生会认为教师对他失去了高期望，从而放弃对自己的要求；第三，分层会让教师和学生都贴上相应的标签，从而失去对一个人能力的全面认识与激发。

而只有当分层不再是作为对学生学习能力的分等，而是作为学生的自主选择与挑战的时候，分层才能产生其价值和意义。在这种原则指引下，有教师提出了"争取 A 类作业"。在这种作业设计中，作业虽然被分成 A、B、C 三类，A 类作业抄 1 遍，如果错 1～2 个就完成 B 类作业，抄 2 遍，如果错 3 个以上就做 C 类作业，抄 3 遍，但谁做 A、B、C 类作业却并没有固定，只要学生努力，都可以做 A 类作业，而 A 类作业是最有尊严和荣誉感的，同时也是作业量最少的。这种方式将分层作业作为一种对认知的奖励资源，以挑战任务的方式，让学生和自己比一比，看自己能够完成到怎样的程度。

虽然很多教师都希望借助分层作业来调整学生对认知难度的不同需

求，但是，分层所带来的标签作用也是要极力避免的。有适量挑战性的作业会让学生产生比较高的自我效能感，而分层作业中如果学生知觉到自己一直在做低水平的作业，就会产生极大的挫败感。但当教师强调这是比较难的作业，只有有能力的学生才能完成的时候，学生会更有自我效能感。这样，学生在完成作业的过程中就会有更多积极的情绪，他会觉得自己投入时间和精力是值得的，当有外在干扰的时候也会更有持久力与专注力。

第四，作业批改中的认知性反馈非常重要。

如何让学生知觉到作业的意义？作业的批改、评分中的认知性反馈非常重要。在翻阅学生的作业本时，我们经常看到，有时候教师虽然做了批改，但这种批改却是非常粗糙的。例如，有教师在两位学生的作业本上对这两道题目打了大叉：

$$0.81 \times 50 \times 0.07$$
$$= (0.8 + 0.01) \times 50 \times 0.07$$
$$= 0.8 \times 50 + 0.01 \times 0.07$$
$$= 40 + 0.0007$$
$$= 40.0007$$

$$0.81 \times 50 \times 0.07$$
$$= 0.81 \times (10 \times 5) \times 0.07$$
$$= (0.81 \times 10) \times (5 \times 0.07)$$
$$= 8.1 \times 0.35$$
$$= 2.475$$

通过这位教师的作业札记我们发现，从9月22日到10月22日，教师每天至少布置10道题目，但是，这两位学生每天的错误率一直维持在3～4道，并不见减少。问题在哪里？这位教师写道：

这一个月，没有哪一天全对的学生达到10人，总在5人左右徘徊。尤其是递等式计算，学生错得多，他们因找不出简便计算造成错误……两周来，每天有10多道计算题成为大多数学生的困难，最好的一天也仅有7人全对。看来只有不断地操练，让学生更熟悉计算规则、找到感觉才是正轨。

我们确实可以感受到教师对学生学习的关切和焦虑之情，但如果教师能够仔细分析一下每位学生出现的不同错误，完全可以给学生更准确的认知回馈，从而降低学生的错误率。通过分析这两位学生一直以来的作业，发现其实每次出错的原因都是类似的：小数点没数好，括号前变减号内部没有变号，简便运算中的分配率没掌握。但是，教师并没有分析原因，也没有承认他们在计算中试图进行简便运算的合理性。学生试图用更简便的方法来计算，只是在加法分配率的应用上存在问题，而乘法的分配率是完全正确的，但教师却只是很简单地打了大叉。在随后的订正中，学生省去了任何的简便算法，都变成了从左往右的硬算。一道本来学生有一些认知投入的题目，经过教师的修改，答案是正确了，过程却变成机械的了。这样的作业对学生有什么意义呢？这样不断地重复训练，不但不能解决学生的作业困难，反而增加了学生的厌烦情绪和心理负担。为什么会这样？这和教师根深蒂固的对"正确率"的一味追求，而忽视了学生在作业中闪现的思维火花，没有提供准确的认知反馈有关。

作业的批改与反馈是促进学生认知反省、加深思维的重要载体。教师需要谨慎思考如何用更少的作业量、更有效的反馈达到同样的效果。可以隔一段时间翻看学生的典型作业，看看不同学生的作业情况，分析可以得出什么样的规律，怎样解决这些遗留的问题，避免每次出新的题目，每次又将错误重演一遍。

(四) 让学生有更积极的作业情感体验

在对学生作业心理机制的情感动机进行研究的过程中，我们发现，学生的情感体验是一个重要的调节器，如果作业能让学生产生良好的情感体验，不仅作业的完成度和正确率能提高，还能让学生产生适应性的作业行为以及对这个学科更积极的认识。教师在布置作业的时候除了要注重学生作业的正确率和质量外，还应该关注学生在作业过程中的情感体验。

学生对于作业的情感体验有消极的也有积极的，积极的情感体验如成功感、愉悦感等，消极的情感体验如厌烦、焦虑、孤独等。在学生完成作业的过程中，积极的情感体验对学生的作业动机和作业行为有激发作用。如果学生在完成作业的过程中有较高的积极情感，那么对于自我能力就会持肯定态度，认为自己有能力完成基本甚至有挑战性的作业，即使遇到比较困难的问题，也不会轻易放弃，而是愿意花更多的时间去思考，以证明自己的能力。

教师所能控制的所有作业特征基本上都能影响学生的情感体验。在研究中已经表明，与我们通常的认识也比较吻合的是：

作业量越多、越难，教师控制得越多，作业反馈得越不清晰，学生所体验到的情感越消极；反之，作业量越少、越容易，学生从教师处获得的对作业的参与权和选择权的比重越高，作业反馈得越清晰，学生所体验到的情感越积极。

关于上述结论，作业量、认知难度、学生参与、反馈等在此前后的其他六点作业原则中都有所阐述，在此不再赘述。而增强学生作业中的积极情感体验的另一点是正确把握小学生的心理，增加作业的趣味性。在一次研究中，有位教师进行了两种课堂作业设计方式的对比，很能说明问题。这两种作业的核心内容都是"检查学生是否能够通过所给定的整时、半时正确画出分钟的位置"。一种作业形式是"画分钟"，结果课堂里气氛沉闷；而另一种作业形式是让学生来做"小小修理工"，教师出示错误钟面，让学生找出错误并修理成正确的钟面，在这个过程中教师配以有动画和声音的多媒体演示，结果学生的积极情感很快就被调动起来，都争着当修理工。关于这一点，学校教师也做了诸多尝试，在后文中提到的妙趣横生的"识字书"、"快乐背诵"、"树叶作业"都是这一类型。但在运用这一原则时，要避免"为了趣味而趣味"，趣味应内生于学生的学习兴趣，并能带来思维挑战的快乐。

（五）让学生参与作业的设计和选择

一直以来，作业中的学生是被动接受、被控制改造的对象。教师设计作业来"改进"、"锻炼"学生,教师布置怎样的作业学生就要完成怎样的作业,教师布置多大的作业量学生就要完成多大的量。从设计、布置到评价,学生没有任何的参与权和发言权。学生只能"顺从地"去接受、完成作业,学生完成作业的过程是一个被规训的过程。教师通过作业把对学生的控制延伸到课外、家庭。学生不仅在课堂上要按照教师预先设计的程序去接受"加工"——依照预设的方法接受知识、练习技能,在课外时间也要反复强化教室里所进行的一切,通过那些机械重复的家庭作业去"巩固知识,并使技能、技巧完善化",学生在课内外的"作业化"中被"同一化"。①

因此,在小学生的作业心理机制模型中,如果要培养学生与自主、投入、责任等相关的作业品质,在教师可控制的各个作业特征中,要考虑将学生对作业更多的参与权和选择权纳入进来。(见图2-6)

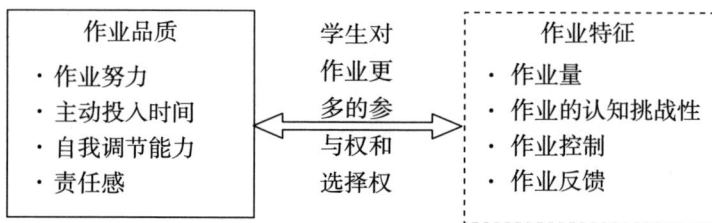

图2-6　学生参与权和选择权对作业品质、作业特征的影响

我们通常会认为,如果给学生更多的选择权和参与权,学生会对自己的学习不负责任,会放松对自己的要求。但从实践中教师的行动研究来看,教师在某些方面放开对学生的控制,反而可以激发学生的自我责任感和对作业的主动认知投入。作业设计中的这种"放"体现在以下很多方面。

第一,学生主动选择作业量。

在很多机械、识记类的作业上,原来教师主要是规定作业的量,现在教师更多的是规定"期待学生产生的作业结果",而将作业量留给学生自己去决定。教师通过结果来调控学生,如果学生在第二天的课堂上能够完

---

① 任宝贵. 凯洛夫家庭作业观反思 [J]. 全球教育展望, 2010 (2): 7 - 10.

成这些内容，他不但可以得到作业量的减免，还可以获得奖励。这种做法曲解了作业的本意，让作业设计颠倒了手段和目的。作业的目的是让学生更积极主动地掌握知识和技能，而不是强调完成作业形式本身。

第二，学生主动选择作业难度。

在中、高年级，我们希望教师通过一定的作业规则和激励引发学生主动选择合适的作业难度，主动挑战更高水平的问题，而不是由教师给学生分层，固定每次作业的层级。这体现了上文中的第三个作业设计原则——分层作业不是为了固化学生的认知水平，而是为了激发学生的认知挑战性。

第三，学生主动选择作业的形式。

在实践研究中，有教师尝试由学生选择作业形式，这种方法有效增加了学生对作业的主动投入，也让教师发现了学生的不同潜能：

在上完《登鹳雀楼》后，我将作业的布置权下放给学生，让学生自己设计作业。学生提出了各种作业形式：

生1：我打算抄写这首古诗，进行背诵和默写练习。

生2：我打算把这首古诗的意思说一说，并把其中蕴含的道理写下来。

生3：我想根据这首古诗的内容画一画。

生4：我想收集这位诗人其他的诗来吟诵。

生5：我想收集整理其他说明一定道理的古诗。

当教师赋予学生更多的主动选择的权力后，学生表现出了很大的参与热情和主动投入。

第四，学生主动选择作业反馈的方式。

当教师在教学中遇到难题的时候，有时候不妨将这个难题抛给学生，可能学生反而有更好的解决方式。有一位数学老师在梳理学生的错题集时，发现一个典型问题：学生在去括号的时候，碰到减号的情况不知道变号。但是，问题是找出来了，怎样解决？做了错题集后怎么办？该老师认为，"目前只有通过不断讲解、反复操练才能让错误率下降，除此以外没有别的办法"。这种思路表明教师仍然是将学生当作要"改"的对象。与之类似的，另一位教师也在学生的作业中发现了难题，学生对"那（nà）"和"哪（nǎ）"的读音不分，教师总是强调也没有用。于是，教师就让学生自己进行反馈。学生想出了很多办法：

办法1："哪"由三部分组成，它的声调是三声，两个三形成共鸣。

办法2："哪"用在问句中，"你在哪里读书"、"你是哪里人"等，都要用嘴巴问，离不开口。为此，记住"哪"是有口字旁的。

（六）让学生在作业中体会知识的关联和应用

小学生的思维往往是以形象思维为主，慢慢向抽象思维过渡。在学习和作业的过程中，学生对于概念的理解往往从直观的印象出发，因此在对事物的判断上具有直观性与片面性。一方面，学生直观的思维方式容易将问题表面化，很难看到背后的原理，在作业出现错误的时候也只想着改正错误，而很少联系以往学过的内容，探究错误背后的原因；另一方面，由于思维的片面性，学生往往难以发现知识点之间的联系，影响其对知识点的系统归纳和总结。事实上，不仅是学生，教师有时候也会孤立地看待学习内容，布置散点式的作业。教师比较欠缺的是对一个学期、单元作业的整体设计，促进知识的统整与相互关联。

第一，促进教师对知识间联系的掌握，形成基于课程标准的作业指南。（见图2-7）

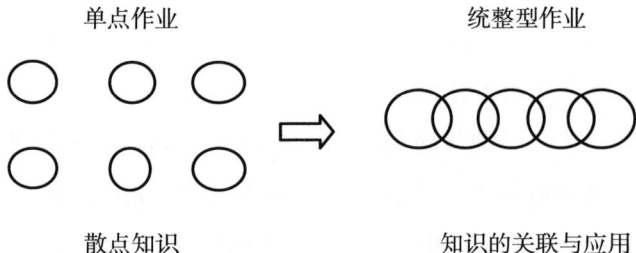

单点作业　　　　　　　　　　统整型作业

散点知识　　　　　　　　　知识的关联与应用

图2-7　从单点作业到统整型作业

要让学生产生知识间的联系与应用，教师首先要非常清楚知识间的结构关系。在研究之初，学校对教师布置的作业进行了知识间的分析，发现教师在作业中最常见的现象就是随意提升、拔高作业的难度，将更高年级甚至初中的内容放在自己布置的学生作业中。例如，英语第十册 Module 2 Unit 3 "School subjects" 单元主题是学生喜爱的学科以及自己喜爱的原因，在 "Ask and answer" 中有一个核心句型：It's time for… (class)，It's time for English，It's time for Chinese … 。除了书上的核心句型，教师在上课时又适时拓展了：It's time to … (do)，如 It's time to have an English class，It's time to have a Chinese class。但在周末卷中教师又设计了一道练习题：It's time for _____ an English class。（正确答案应该填 having）原先出这题目的意图是想让学生能在 It's time to… (do) 和 It's time for … (sth) 之外有一个更深入的拓展，但是学生普遍认为是题目出错了。分析原因发现，介词＋动名词在第十册教材中只是提了一下，未要求学生掌握，如要掌握应该是在预初年级。

在对这些现象的分析中，我们发现，教师往往局限于对特定的教学内容进行解读，而不关注整体的知识结构。教师最关注的是当下要上课的内容。这种对"单课"的强调往往不能将某一个知识点放在整个学年、年段的总体知识架构中来理解。因为总目标意识不强，所以目标的阶段性就不明，在实际教学过程中，越位和不到位的问题就会时时存在，最终造成教学行为的偏差和缺失。为此，学校以作业指南的编写为研究载体，突破一直困扰教师的在作业设计中只见"木"、远离"林"、更不见"森"的局面。在语文、数学、英语、自然等教研组内，教师们首先依据课程标准建立整体的知识序列，然后通读全册教材，并结合学生的实际情况对教材的知识体系进行调整，再进入学段、单元。这样，教师对自身所任教学科的编排体系，教材特点，教学目标，教材中的重点、难点、疑点有了清晰的认识，为作业的设计提供了较好的知识逻辑基础。

第二，以单元为整体进行作业的统整设计。

小学生的思维还难以主动进行知识点的关联，需要教师在作业中有效设计相应的载体，激发学生主动地认知思考。单元作业是一种比较有效的方式。在目前，提到单元作业，学生就会想到大题量的单元试卷或练习册。如果我们期待在每个单元结束后，让学生将学到的零散知识进行聚合、统整，建立联系，就需要教师改变机械重复的练习模式，从促进学生知识关联的角度整体设计单元作业，在研读单元教学目标、重点、难点的基础上，根据学校的作业指南设计作业，实现学生知识逻辑与心理逻辑的统一。教师们据此进行了一系列的实践，具体可以参照此后相应的章节。

第三，与生活实际相连，让知识在作业中得以应用。

知识关联是为了实现学生对知识意义的深入理解，而促进理解的另一种重要方式是促进知识的实际应用。而在实践中，教师在这方面做得还不是很好，正如一位语文教师所说：

我们目前所布置的语文作业往往是事先就设计好的，有的是一届届往下传递的，具有固定的模式，由于缺乏及时的生成，往往让学生觉得枯燥无味。语言是用来交流的，那么，语文作业就应该具有交流的特征，而不能把作业仅仅限于字、词、句的层次上，只是通过扩写、默写来巩固学生的记忆。

鉴于此，教师们结合知识进行了大量的应用型作业设计。如有一位老师结合五年级语文教材的内容，设计了三次作业，试图使学生的学习联系生活。

学习了《开国大典》，学生了解了按照一定方位顺序介绍地点的写作方法。我分三步进行了作业的设计：（1）仔细观察家里某一房间的摆设，画一张简易平面图；（2）第二天请学生出示简易平面图进行介绍，学生评议（要求：是否按一定的方位进行介绍，用词、语句等是否恰当）；（3）现场写段落大意。

（七）让作业成为学生与他人共同走过的一段旅程

在中国的中小学，作业通常被认为是"一个人的战斗"，学生需要独立完成，教师将学生是否独立完成作业看作学习态度是否端正的一个标准，学生需要一个人去思考、解决问题、管理自己的情感。但人是社会性动物，在人的生活环境中，与周围人的交往是一种需求。即使是在象牙塔中的学生也是一样，他们通过与同伴和教师的交流，来表达自己的情感、思想以及困难。在与同伴以及成人的交往过程中，学生的合作能力和人际交往能力能够得到很大的提升。由于师—生作业交流在其他作业设计原则中已经有所涉及，在此我们主要阐述生—生作业交流与家长—学生作业交流。

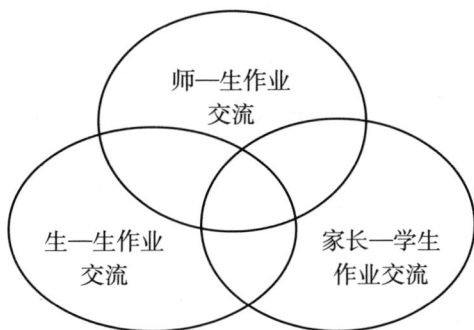

图 2-8　多元主体的作业交流

第一，在分层作业、长周期作业中纳入生—生合作，激发知识的社会建构。

研究刚开始的时候，在与教师的交流中，好几位教师都谈到要严"防死打"学生的相互抄袭，不能让他们聚在一起做作业，要隔开，一定要让他们独立完成作业。这一现象引发我们的讨论与争议。作业到底是个体独立的旅程还是应该适当给学生在作业中提供一定的交流平台？

皮亚杰在他的早期著作中论述了同伴关系在社会能力发展中的作用。他认为，正是产生于同伴关系中的合作与感情共鸣使儿童获得了关于社会的更广阔的认知视野。在儿童与同伴交往中出现的冲突将导致其社会观点选择能力的发展并促进其社会交往技能的获得。儿童是以自我为中心的，他们有时候不能意识到同伴的观点、意图、感情。然而如果我们提供给他们相互交往的机会，在平等互惠的同伴关系建立的同时，体验冲突、谈判或协商的机会亦随之出现。这种冲突和协商不论是指向物体还是不同的社会观点，在引发协调和平等互惠的观念中都起着重要作用。同伴交往使儿童意识到积极的、富有成效的社会交往是通过与伙伴的合作而获得的。没有与同伴平等交往的机会，儿童将不能学习有效的交往技能，不能获得控制攻击行为所需要的能力，也不利于社会知觉的形成。[①]

教师们试图在分层作业、长周期作业中纳入生—生合作互动的方式，以此促进这些作业功效的更好发挥。在分层作业中通过生—生合作让不同能力的学生形成互帮互助的机制，在长周期作业中根据不同学生的特长让他们共同完成作业，激发学生的合作意愿，提高他们的沟通技巧。学生在小组合作的过程中，通过与同伴的讨论以及交流，获得更全面的想法，同时能够与同伴一起分享成就感和满足感，这也有利于学生在下一次的任务中更积极地投入时间和精力。

第二，家长参与学生的作业。

家长参与学校教育是当前的教育潮流，但是在作业中，这是一个令人纠结的问题。家长如何参与学生的作业？家长参与学生作业是不是就是签字？家长的参与是否会降低学生的责任心？

美国约翰·霍普金斯大学的爱泼斯坦（Epstein）教授提出"教师帮助家长参与学校作业"（Teachers Involve Parents Schoolwork，TIPS 项目），即TIPS 家庭参与模式，因为其注重家庭作业的交互式作用，在家长、教师与学生之间形成的协作与产生的交互影响，受到家庭、学校和社区的积极认同。在 TIPS 项目里，他们重新界定了"教师帮助家长参与学校作业"中的两个核心概念：一是"家庭作业"不仅仅指书面作业，而且还包括在家

---

① 王振宇. 学前儿童发展心理学 [M]. 北京：人民教育出版社，2004：222.

或在社区交互的活动，将学校作业与真实的生活联系起来。二是"帮助"意味着鼓励、倾听、反映、赞扬、指导、监视与讨论，不是"教"学校里的学科课程知识。这些理解都和我们的作业设计原则非常吻合。[①]

这就意味着家长的参与不是简单的签名，也不是越俎代庖地帮助孩子检查，家长参与的核心在于家长对孩子在家庭中的学习活动的参与。在我们的实践中，也有很多教师进行了非常有益的尝试。有些教师将学校作业与真实的生活情境结合起来，注重学生社会生活经验在其发展中的作用，以此来建立学生学习的信心；有些教师鼓励父母与孩子一起定期地交谈学校作业，使父母与教师能够经常就孩子的作业、进步与问题进行交流；还有些教师让学生向家长讲述在课堂中发生的一些关键事件，提高学生的总结能力。例如，陈茹老师就根据小学生的认知特点，设计了让家长参与的口头作业。在上完加法《合并、添加》一课后让学生利用合并、添加这两个不同概念来编2道加法应用题，由学生口述，家长将孩子口述的题写下来。而且最重要的是，这项作业是要根据真实的生活情境进行编写的口头作业，如有学生这样编：

（合并）有4个大苹果、2个小苹果，合起来有几个苹果？

（添加）家里有2个人，又来了5个人，现在家里一共有几个人？

在这些作业中，学生不仅锻炼了语言表达能力和从生活中收集信息、重组信息的能力，更重要的是与家庭成员一起展示作业、分享思想、获得快乐。在设计这类作业时，教师和家长的良好沟通是首先要予以考虑的，要把握的一个重要原则是，不能让家长误解为教师为了减轻自己的负担而将本应由教师承担的责任转嫁给了家长。[②]

---

① 杨启光，刘秀芳. 美国教师帮助家长参与学校作业项目（TIPS）述评［J］.上海教育科研，2011（10）：32－34.

② 本章执笔者：夏雪梅、王婷婷、方臻。

第三章

常规作业的设计与反馈：突破被动与枯燥

　　常规作业是教师根据学生的学习情况，为了将课堂上所学的知识进行巩固而设计的形式相对固定的作业。设计这些作业，往往是为了让学生达到熟能生巧的学习效果。但是，有时候熟练并不能"生巧"，反而会"生笨"，学生因为太熟练，容易形成思维定式，在出现新的题型时，不会观察反省，在改变了一些条件时，还是根据原有的思路来解决问题。从这个角度看，常规作业可能会让学生形成被动学习的惯性。教师们对于常规作业，往往并不是"设计"，而只是"提出"，不是抄写单词，就是预习课文。想想成人还有审美疲劳，更不用说孩子。从这个角度看，常规作业又有可能让学生感觉枯燥，压制学生的个性化表达与创意。如何突破这两个难点，既能让学生在常规作业中主动去掌握基础知识与技能，又能让学生感觉不枯燥？就此，本章探索了常规作业中最常见的预习类、口头识记类、动手抄默类等作业如何突破被动与枯燥的关键。

一、预习类作业的设计

　　说起预习，大家都不陌生，它是学生每天必做的一项作业。预习是学生根据教师提出的要求，运用已经形成或正在形成的能力，自己尝试提前思考和自主学习的活动。它既是一种学习方式，也是一个学习过程。在这个过程中，学生必须自己阅读教材、查找资料、思考归纳、练习等。预习能使学生自觉主动地学习，能培养学生的自学能力和独立思考能力。学会预习,坚持预习,是提高学习效率、提高分析问题和解决问题能力的有力保障。然而,并不是所有的学生都会预习,也不是所有的教师都重视预习。当前课前预习中,仍存在许多不足和误区。

(一) 学生何以被动

在学校开展作业与心理机制研究之前,语文学科的教师几乎每上一篇新课都会给学生布置预习作业——读课文、查字典、思考课后问题,但随着对学生的进一步了解,教师们发现学生对于预习作业相当被动。这些作业是教师要求的,教师选择作业内容,没有征求学生的意见,学生无法选择适应自身特点的学习内容,教师是作业布置的主体,而学生纯粹是客体。一句话概括,学生在作业面前处于被动服从的地位。

由于小学生处于被动地位,他们对待预习作业也存在一些不良的现象。

1. 缺乏课前预习的积极心态

调查发现,只有10%的学生能够自主预习,90%的学生是迫于教师、家长的要求才预习。有些学生在预习时只是把书本随便翻翻,简单地疏通课文中的字、词,读一读课文,标一标小节号,思考课后的问题(有些人干脆不做),这样不但不能收到预习效果,反而会养成马虎的坏习惯。

产生这一现象的原因在于,学生把预习作业作为一种应付性的任务。通常之下,预习作业多为教师的口头布置,仅有预习的课题,而没有具体的解释、说明,也没有具体的方法。而事实上对学生该预习什么,怎么预习,预习的目的,教师并没有仔细琢磨。并且从课堂上的检查效果及家长的反映来看,很大一部分学生没认真对待这类作业,以至课前读书、了解课文大意这一环节没有落到实处。这种预习,教师是例行程式,学生是应付了事,收效甚微。

2. 不愿意开展独立预习

70%的学生拿到书本后不知道该怎么去预习,以为"读课文、查字典"就是预习的全部。85%的学生在预习中缺少发现问题与解决问题的能力，极少有学生能在预习中进行深层次的思考。

造成这种现象的一个重要原因是教师在预习过程中缺少有效的方法指导。预习也是一种学习活动，既然是活动就要有方法的指导。有效预习的关键，就是能够独立思考，发现问题，提出问题。多数学生在预习过程中，只知道"是什么"，很少思考"为什么"。这类学生的预习往往是浅层次的。要使学生变被动为主动，就要指导学生寻找和发现问题并提出问题的方法，使学生多一点问题意识，但是教师往往忽视了这点。

3. 对预习题目不感兴趣

单调无聊的作业已经成了例行公事，致使学生丧失了学习的兴趣。不少学生在预习的时候，往往习惯参考教辅资料（如《新教材全解》），迷信上网查找答案，热衷寻求现成的结论。

导致这一问题的原因是教师不能合理地设计预习题。教师宁可每天花大量的时间用于备课、上课、批改作业，却不舍得花时间和精力钻研如何指导学生预习，以致教师布置的预习作业往往千篇一律，缺少趣味性、引导性，更不用说考虑到学生的个体差异性。试想，这样的预习还会有效果吗？

（二）自主预习卡的设计

针对学生在预习作业中存在的问题，教师们进行了认真的分析，开展了自主预习卡的设计，以激励学生预习的主动性，让学生积极思维。下面以语文学科为例来阐明自主预习卡到底是什么，如何设计。

1. 什么是自主预习卡

这是一种由学生自主出题、教师分层指导的全新预习方式。经过实践尝试后，又根据学生的具体情况，不断完善和改进。目前，自主预习卡的预习模式（见表3-1）初步成形。

表 3-1　自主预习卡样表（四年级）

班级_____　　姓名_____　　学号_____　　家长签名_____

课题	（包括作者、体裁、对课题质疑等信息）
读	读正确、读通顺、读流利
写	不认识的生字，难理解的词语，好词、好句的积累
悟	概括大意、读文体会
问	提出不懂的问题，带着问题边读边思考，尝试在书上做好批注
查	与课文相关的背景资料、作家生平
自评：★★★★★　　　　　师评：★★★★★	

　　这样一张自主预习卡，就好比为学生设计了一条预习的路径，可以引领他们在学习上进行自主探究。

　　首先，它有助于提高学生的学习主动性。它能培养学生自主学习的能力，就如何学的问题给学生以积极引导。古人云："授人以鱼，不如授人以渔。"事实证明，预习卡不但引导学生自学，而且引导学生会学。学生可以主动选择作业内容，这在很大程度上引发了学生完成作业的主动性。

　　其次，它有助于解决学什么的问题。学生在预习时的最大困难就是缺少方法，而预习卡在这个方面给了明确的指导。学生在使用预习卡的过程中，不但熟悉了学习的内容，而且会有所拓展，这有助于学生积累知识，主动掌握建构知识体系。

　　再者，它能够帮助学生养成独立思考的习惯。预习卡突出精彩词句的积累（写），突出课文内容的简要概括（悟），突出对问题的质疑（问）。可见，自主预习卡为学生创造了独立学习的条件，有助于培养他们独立思考和自主学习的习惯。

　　2. 自主预习卡的分层设计：以《一幅名画的诞生》为例

　　在具体实施时，教师关注到学生的个体差异，采取分层布置的方法，让学生根据自己的学习能力有选择地去完成预习卡。这样做不仅调动了学

第三章　常规作业的设计与反馈：突破被动与枯燥

071

困生的学习积极性，而且也使学优生能更上一层楼。因为在一个班里，好、中、差的现象总是客观存在的，如果在布置作业时总是整齐划一，不考虑学生学习能力的层次和水平的差异，就会出现两种极端的后果：一是激发不了学优生的兴趣，他们可能会越做越枯燥，以致产生敷衍的习惯；二是对于学困生来说经常不会做作业，导致他们产生厌学情绪。所以针对学生实际，教师给学生一个自主选择、协调发展的空间，让学困生巩固基础知识，中等生强化基本技能，学优生优化知识结构，按量力性原则因材施教，让作业布置有弹性，从而适合不同思维能力的学生去完成。

下面以第八册第 31 课《一幅名画的诞生》为例，分析班中三位学习能力不同的学生借助预习卡完成预习作业的具体情况。

课题：31　一幅名画的诞生

教学目标

1. 自主学习字、词，理解"难以磨灭、褴褛、蠕动"等词语。有感情地朗读课文，背诵课文的第 1 节或第 4 节。

2. 借助"读、议、感悟"相关训练，理解关键句段。

3. 了解列宾创作名画的原因及过程，体会他对底层劳动人民的深切同情，同时感受他们身上不屈的力量。

基础型自主预习卡（见表 3-2）是针对基础薄弱、学习能力较弱的学生。这类学生在完成预习卡的过程中，侧重于读、写、查的部分，重在巩固基础，而对于超出他们学习水平的"悟"和"问"，不强求他们一定要做，但鼓励他们去完成。对他们的要求略低于大部分学生，重在激发他们的学习兴趣，培养他们的学习态度。

表 3-2　基础型自主预习卡

班级　四（4）班　　**姓名**　××　　**学号**　2　　**家长签名**_____

课题	31　一幅名画的诞生　　体裁：记叙文
读	我朗读了 3 遍。
写	1. 我不会读的字：纤 qiàn 夫　褴褛 lánlǚ　蠕 rú 动　涅 niè 瓦河。 2. 我圈出的好词：难以磨灭　肮脏褴褛　阴沉沉　凝重。 3. 我查字典理解了三个词语： 纤夫：以拉船为生的人。 褴褛：指衣服破烂，不堪入目。 蠕动：像昆虫爬行那样移动。 4. 我喜欢课文中的这句话：他仔细地观察着蕴藏着无穷力量的身体，长久地注视着那些善良的眼睛和脸，抚摸着那些铁铸般粗壮的手……
悟	
问	
查	我上网搜集了列宾的资料： 列宾是 19 世纪后期俄国伟大的批判现实主义绘画大师。
	自评：★★★★★　　　　师评：★★★★★

　　提高型自主预习卡（见表 3-3）是针对学习水平中等的学生。这部分学生在"悟"和"问"上，已有了自己的见解，不仅能够概括文章大意，而且能够在预习中提出问题。虽然表中这位学生提出的问题比较简单，质疑的能力还比较弱，但是已经有了发现问题的意识，说明这位学生自主学习的能力正在逐步提高。

第三章　常规作业的设计与反馈：突破被动与枯燥

表3-3 提高型自主预习卡

班级 四（4）班 **姓名** ×× **学号** 8 **家长签名**_____

课题	31 一幅名画的诞生　　　　体裁：记叙文 想问：谁画的？画的是什么内容？画了多久？
读	我默读了1遍，朗读了2遍。
写	1. 我积累的好词有：凝重 诞生 蕴藏 蠕动。 2. 我查字典理解了这个词： 纤夫：以拉船为生的人。
悟	我能概括主要内容：1868年夏天，在涅瓦河畔，一群衣衫褴褛的纤夫给列宾留下了难以磨灭的印象。于是，他用了三年的时间潜心绘画，在1873年终于创作了名画——伏尔加河上的纤夫。
问	1. 我在书上1处做了批注。 2. 我想问：为什么列宾要在两年以后，才动笔去画这幅画？
查	我上网搜集了当时写作的背景资料： 　19世纪60年代的俄国正是俄国历史上最黑暗的年代。沙皇的残酷统治，官吏的剥削压迫，使得俄国人民生活在水深火热之中。
	自评：★★★★★　　　　师评：★★★★★

研究型自主预习卡（见表3-4）是针对学有余力和自觉性较强的学生。在字、词方面，这类学生基本上已没有障碍，所以他们在预习中，主要侧重于"悟"和"问"的质量。从表3-4中可以看到，这位学生在预习过程中充分发挥了学习自主性，不仅在读文后有自己的阅读体会，而且提出的问题比较有深度，不仅能抓住文章的重点进行质疑，还能对词语质疑、对标点进行质疑，说明该生在预习中已逐步形成了独立思考、发现问题和提出问题的能力。在查找资料方面，搜集信息的能力也比较强。像这样的作业，教师就应该在班中进行交流展示，以供其他学生学习。

表 3-4　研究型自主预习卡

班级　**四（4）班**　**姓名**　×× 　**学号**　**15**　**家长签名**_____

课题	31　一幅名画的诞生　　　　　　　　　体裁：记叙文 质疑：这幅画是怎么诞生的？用了多长时间完成？
读	我默读了 2 遍，朗读了 1 遍。
写	句子积累：每个人的脸都是阴沉沉的，流淌着亮晶晶的汗珠；在乱蓬蓬的头发下面，流露出凝重的神情。
悟	我的读文体会：一幅名画的诞生需要这么长的时间，可见画家列宾做事非常认真。同时，我还感受到了列宾非常同情这些纤夫，所以要把他们的生活画下来。
问	1. 读了课文后，我在文中 2 处做了批注。 2. 我有疑问： "诞生"是指人出生。为什么这幅名画的完成能称为"诞生"？ "天哪，为什么他们这样肮脏，这样褴褛呀！"作者用的是感叹号，而不是问号，是不是作者用错了？
查	我搜集到的资料： 　　列宾是 19 世纪后期俄国伟大的批判现实主义绘画大师。列宾在充分观察和深刻理解生活的基础上，以其丰富、鲜明的艺术语言创作了大量的历史画、肖像画，他的画作如此之多，展示当时俄罗斯社会生活如此广阔和全面，是任何一个画家都无法与之比拟的。
	自评：★★★★★　　　　　　师评：★★★★★

3．自主预习卡的实施效果

自主预习卡实施以后，取得了良好的学习效果。

首先，自主预习卡将口头作业与书面作业结合在一起，形式灵活，检测有保障，是教师了解学生学习信息的良好途径。自主预习卡是学生自学课文后的原始经验的体现。从学生的预习作业中，教师可以得到很多信

第三章　常规作业的设计与反馈：突破被动与枯燥

息，可以及时发现学生的需要，使教学更有针对性。例如，学生提出的问题，可以课堂上解决；出现的错字可以及时纠正；理解到位的内容，课堂上就不必多讲了；理解有偏差或不懂的内容，应该作为重点来讲；等等。学生搜集的资料还为教师的备课补充了信息。坚持使用预习卡可以逐渐培养学生的问题意识，有助于学生明白该怎样提问，懂得提问的角度可以是多方面的（可以是词语、句子、主要内容、人物、写作方法、材料安排等）。

其次，自主预习卡有效整合了多项语文作业，使预习成为听、说、读、写的综合训练。一张自主预习卡将过去的生字抄写、扩词、理解词义、了解课文大意和结构，课后补充练习、资料积累等作业整合起来，内容上可谓包罗万象。这不仅可以减少其他名目繁多的语文作业种类，减去了机械、重复的作业，还是对学生语文综合能力的培养。

再者，自主预习卡有助于培养学生的预习能力和习惯，提高学生预习课文的兴趣，发挥学生学习的主体性。现在，全班99%的学生觉得做这个作业很有必要，有50%的学生非常喜欢做这项作业。

综上所述，预习是提高小学生学习效率和教师课堂教学效果的一项重要的学习活动，针对目前普遍存在的小学生预习作业被动应付、过分依赖以及比较懒惰等现象，我们建议以自主预习的方式有效地布置预习作业。自主预习卡是针对小学生个体学习的差异以及他们身上存在的不良学习心态而设计的一项实效有用、灵活多样的预习方式，它的确能让每一位学生克服懒惰、应付和依赖心理，独立面对问题、思考问题、解决问题，为他们的自主探究指明方向。它变单一模式为分层组合，变被动作业为主动探究，变冰冷批改为温情对话，提高了学生的预习兴趣，发展了学生的自学能力，增强了预习的有效性，并最终促进了学生的自主发展。

二、口头识记类作业的设计

（一）口头识记类作业的特点

口头识记类作业中包括背诵古诗、背诵课文、朗读课文、读记单词、口头作文等。总的来说，口头识记类作业较多地依赖于学生的自觉性，对学生的自我调节能力有很高的要求，教师也很难进行有效的过程了解和检测。

在口头识记类作业中，最让教师和学生头痛的就是背诵类作业。背诵就是凭记忆念出读过的文字。它是小学阶段语文学习中的一项常规作业。"熟读唐诗三百首，不会写诗也会吟"，学生可以通过背诵把别人的知识内化为自己的，以此来提高自己的文学素养。可见，背诵是学生学好语文的一个有效的方法，但是学生背诵作业的完成情况并不乐观。

对于背诵这项作业，语文课文有明确的规定，会在课文后的"阅读芳草地"中呈现。学生做练习时，要背的内容常常在基础题中以填空或补充句子的形式出现，以此来检验学生的背诵情况。一提到背诵，教师往往会认为它是机械的常规作业，没有难度。只要学生态度端正，学完了课文，多读几遍，多花些时间，便能解决，因此常常忽略了教方法，忽略了学生之间的差异，忽略了学生的情感，没有去了解他们是否愿意背诵，更没有去关注他们在背诵时遇到的困难。

一提到背诵，有的学生不够重视，认为它不像书面作业那样"看得见摸得着"，是教师要批阅的。有些喜欢耍小聪明的学生认为即使教师检查背诵作业，也不一定能轮到他，久而久之，有了滥竽充数的心理。有些记忆力欠佳的学生反复读背，前背后忘，没有尝过背诵的甜头，久而久之，有了畏难抵触的情绪。

一提到背诵，家长们也不够重视。据向学生了解，家长们往往只重视他们的书面作业，关注书面作业的完成情况，常常督促他们"快写!"，而不说"多读！多背！"。全班没有一个学生的家长每天能主动听听孩子读书、背书的情况。大部分家长每周只听一次，有的只是口头问一声"书背了吗？"，至于完成的真实情况，也不多关注。

其实背诵对于小学生来说还是有一定难度的。如果不教给他们完成背诵的方法，不调动他们的积极性，就会造成"谈背色变"的严重后果，不利于学习。为了解决这个问题，我们探索了几个重要的策略，在下文将重点阐述如何让学生自主选择识记内容，如何带领学生将识记内容形象化，我们还总结出了几种不同的识记方法，并在识记的同时应用遗忘规律，以此设计出更好的口头作业。

(二) 口头识记类作业的设计

以往很多教师认为，口头识记类作业是最简单的，布置下去让学生背诵、朗读就行了，在备课时，不会专门针对这一环节设计教法。第二天，教师检查的手段除了全班齐背、抽背，就是默写。事实证明，这种方法往往是无效的。为此，学校教师们进行了口头作业指导和反馈的探索。

1. 指导策略之一：自主选择与形象化

在上三年级（下）第五单元《神秘的小岛》一课时，有一位老师这样写道：

文中要求学生选择喜欢的一个小节读一读，再背一背。我就替学生做了主，说老师不知道哪节会在练习中出现，既然每一节都有可能，说明每一节都很重要，其中我认为课文的第二节最重要。于是，我就把背诵的作业改为：背诵第二节。我还说，课文的其他几节一定要熟读，也要争取背下来。这样一来，学生没有了选择权，削弱了他们背诵的积极性，无形中增加了他们的作业量。

这一节有 5 句话，共 126 个字。第二天一早，我就抽查学生的背诵情况。学生的背诵情况不是很理想，有好些学生支支吾吾。我一生气，决定下午默写。20 来本默写本的批阅花了我很长时间，有一半的学生几乎没有默出来。接着，学生要订正，我又要批阅。我和学生都为此花了许多时间和精力才让此节背诵"过了关"。在做练习时，还有一部分学生没能做到全部正确。

看着由于背不出课文而窘迫的学生，望着满是大叉、圈圈、添加符号的默写，我的心中像是堵了块大石头，这样做可不行。不注重背诵，必定两败俱伤。

背诵呀，背诵，我该怎样对待你，我的学生又该怎样对待你……

在这节课后，教师进行了反省，她发现，在这次背诵作业的布置中，出现了很多问题，如强制学生背诵内容、没有背诵的指导等。如何才能激发学生背诵的积极性呢？她在下一课《南极风光》中进行了尝试。这篇课文要求学生背诵课文第二节或第四节。这两节都很长，第二节有三句话，共89个字；第四节有三句话，共116个字。学生背诵起来肯定有些难度。于是，这次教师没有随便替学生做主，把选择权还给了他们。关键是，她进行了良好的口头识记的指导，帮助学生们轻松地完成了这一任务。

课后，我让他们根据自己上课试背的情况、自己的兴趣等选择想要背诵的小节。这样做在减轻学生负担的同时可以提高学生背诵的积极性，背诵的效率肯定会高些。课上，我始终把背诵这根线牵着。以第二节为例，这节三句话主要讲了南极的风雪。教学前，我就告诉学生课后要选择背诵这一小节。教学时，我先让学生逐句认真准确地进行朗读，把字词读准了，把句子读通了。接着，我根据此节的特点，把背诵内容转换成画面。我抓住"雕塑家"一词进行解释并引入，借助课件指导学生把文字转换成各种形状，如"雪浪、隧道、悬崖、宫殿"，并抓住"有的像……有的像……有的像……"的排比句式训练，把各种形状串成一幅画面。随后，我让学生闭上眼睛，我背诵，让学生感受画面的美丽。"你们眼前出现了怎样的画面？""美吗？"学生你一言我一语地回答，唤起了他们背诵的欲望。

当学生跃跃欲试时，我就趁热打铁让他们试背。试背时，我给了学生一些词语，如"雕塑家、把戏、雪浪、形状、隧道、悬崖、宫殿"。学生可以看，也可以不看，当然鼓励学生不看。这样做，是为了不落痕迹地为背诵分层，降低学困生背诵的难度。试背时，学生可以及时看书，可以和同桌一块儿背，可以和同桌互相纠正背……给学生一些时间，让学生选择自己喜欢的背诵方法。试背时，引导学生把画面从大脑里调出来，或者看看画面。因为，人对画面的记忆力比对文字的记忆力要强得多。

在学生试背的过程中，我巡视着，听着学生的背诵，不时地指导一下，暗示一些学困生一定能背好，给他们树立信心。最后，我让学生集体试背一下，遇到"打嗝"时可以看书。下课时，我增加了难度，让学生根据自己上课试背这两节的情况，选择其中一节进行背诵。

我们发现，在设计口头识记类作业时，有这样几点是需要注意的：第一，能让学生自主选择的一定要让学生自主选择，学生选择了就要他们对自己的选择负责，这样可以让学生有很强的责任感去学习这一部分。第二，如果学生选择了，可以先让他们将有难度的、不理解的地方抛出来，再有针对性地进行阅读指导。第三，在如何将枯燥的识记作业转变为有趣的作业上，教师着重采用将识记内容形象化的策略，激发学生的想象力。这样，当文字转化为一幅幅鲜明的图画或动画时，识记就变得不再是负担了。在上文《南极风光》的教学中，教师就是采用了这样的方法对学生进行背诵指导。

2. 指导策略之二：内容的音律化

在中国传统文学中，适合小朋友的三字经、千字文、古诗都是押韵的，这就给我们一个启发：能否将音律引入作业中？可能很多人会认为这种方法在语文作业中是有用的，而我们发现在英语的词汇作业中，设计这样的作业也是很有意思的。词汇教学既是小学英语教学的一个重点，也是一个难点。小学生的长时记忆能力较弱，抽象思维能力较差，主要以机械记忆为主。他们对枯燥乏味的教学内容难于集中注意力，容易产生厌倦感，以致影响学习效果。对此，学校的英语教师就尝试在低年级中将词汇学习和英语儿歌有机结合，设计一些与课堂的主题和教学内容相结合的英语儿歌，利用儿歌押韵、重复、易懂等特点，创编儿歌，帮助学生解决记忆、运用词汇的问题，同时对学生培养语感、提高运用积累词汇的能力起到了很大的帮助作用。

儿歌这一课堂作业的形式，使学生在朗读时饶有兴趣、朗朗上口、节奏感强、简单好记，学生在学习过程中感觉轻松、没有压力，在这种状态下识记、理解单词更容易熟记在心。同时，运用儿语化词和拟声词，引起儿童的听觉直感，唤起他们对事物的注意、想象和理解。在小学低年级阶段，单词的学习不再是枯燥乏味被动识记的过程，借助了儿歌这种课堂口语作业，单调的词汇学习变得生动活泼起来，学生非常积极主动地投入这一学习活动。

在我设计的课堂作业中，除了适时地使用儿歌让学生操练词汇外，还引导学生在自主思考中自编儿歌，用以掌握、巩固所学的词汇。自编儿歌首先是结合课文内容，学生根据已有文本进行模仿、创造，当堂完成，做到有目的地创编作业。儿歌中的词汇是比较浅显的，它可不受押韵的局限，能念得上口、通俗简短就可以了。在创编儿歌的过程中，学生既操练了单词的语用，同时更是发展了创造性思维，学生在积极思维的过程中促进了词汇的习得、拓展、记忆和运用，并最终促进语言的积累，真可谓一举两得。

下面以牛津英语一年级第二学期 Module 2 Unit 2 "Food I like" 为例。

教学目标：

本单元的语用任务是围绕小猪 piggy 的饮食喜好展开讨论，学习食物类的四个单词：jelly、biscuit、sweet、ice cream，设计四首儿歌的课堂口语练习来操练这些核心词汇。在第一学期关于吃的主题中学生已经学过水果类的单词和快餐类的单词，在这节课上我们将通过"I like …"的句型进行巩固。本课时作为第一课时，以单词教学为主，并通过以往的句型"I'm …. ／I like …"编成儿歌进行语言训练。学生最终扮演 piggy 说说其饮食习惯，明白良好饮食习惯的重要性。

这是一节低年级的词汇教学课，涉及了四个核心单词，其中两个是可数名词，两个是不可数名词。对于一年级小学生来说，在一节课中要习得这四个词，更要学会运用，显然是有一定难度的。现在通过儿歌这种学习载体，学生不仅扎实地操练了这些单词，更能在句型中进行准确运用，更重要的是学生始终是充满兴趣地投入学习过程的。以下是四种不同类型儿歌练习的设计。

1. 相同音素的儿歌练习

在"Food I like"一课的第一课时，我利用儿歌具有乐感这一特征，通过对比几个含有相同音素的词"red、yellow、jelly"来总结新学单词jelly的发音规律，编写了一首儿歌：

> Red jelly, yellow jelly, I can see.
> Red jelly, yellow jelly, for you and me.

这首儿歌结合了音素的特点，简单易读，学生们在朗读的过程中不仅很好地掌握了单词的语音特点，更了解了单词的特征和语用，在学习过程中感觉轻松，没有压力。在这种状态下识记、理解单词，更容易熟记在心，学生也能进一步展开对jelly的描述，说出：Green jelly, pink jelly, I can see. Green jelly, pink jelly, for you and me.

2. 结合拟声词的儿歌练习

在本课时中我在巩固"jelly、ice cream"时就运用拟声词"yummy"创编了儿歌：

> I like jelly.
> I like ice cream.
> Jelly and ice cream,
> yummy, yummy, yummy.

这类拟声词学生在朗读时充满了兴趣，一遍一遍，乐此不疲，语音语调也把握得恰到好处。而且学生联系到以前学过的食物类主题的内容，能用这首儿歌的句型结构进一步进行描述，比如：I like the pizza, I like the cake. A pizza and a cake, yummy, yummy, yummy.

3. 运用数字的儿歌练习

我在教学单词"sweet"时，结合单词的语用编了一首和数字有关的儿歌：

> One sweet, two sweets, three sweets, four;
>
> five sweets, six sweets, seven sweets, more;
>
> eight sweets, nine sweets, ten sweets, all.

学生在富有节奏感的 chant 朗读中，不断操练新授单词，乏味的词汇教学变得生动活泼起来。在学习到本课的另外一个新名词"biscuit"的时候，一些学生主动地使用这首数字儿歌，自编了一首类似的儿歌：One biscuit, two biscuits, three biscuits, four; five biscuits, six biscuits, seven biscuits, more; eight biscuits, nine biscuits, ten biscuits, all.

4. 促进语用的儿歌练习

在这节课上，我就运用自编儿歌的形式来进行教学尝试。我先设计了一篇小猪 piggy 介绍自己饮食习惯的儿歌：

> I am piggy, piggy.
>
> I like jelly, jelly.
>
> I am fat, fat.
>
> I am sad, sad.

这首儿歌词句简单、内容生动，通过一边朗读一边表演，形式活泼，学生学得很快乐，食物类的单词得到了复习和巩固。然后，我让学生根据我的这首儿歌自编一首，介绍自己的饮食喜好，我们列出了以前学过的所有食物和饮料类的单词，学生在选选编编中梳理和积累了此类单词和句型：I am…, I like…, I am thin/tall, I am happy/sad. 不同学习能力的学生创编出的儿歌又有差异。如基础好的学生能同时运用食物和饮料的词汇：I am Jenny, Jenny. I like milk and cake. I am thin, thin. I am happy, happy. 大多数学生能运用食物或饮料的词汇：I am Kevin, Kevin. I like cola, cola. I am fat, fat. I am sad, sad.

针对学生的思维特点、认知规律和英语语言的特征，教师将小学英语词汇教学和英文儿歌有效结合，使课堂更加丰富多彩，使学生在乐中学、学中乐。当然，还需要注意的是：

首先，一堂课设计的儿歌里涉及的句型不能太多。如果在四句话的儿歌中涉及的句型较多，对于一些学习能力弱的学生显然不太适宜。教师要设计一定的分层，既要考虑到积极调动学生的学习兴趣，通过儿歌巩固词汇，又要让学生觉得在自己能力范围内是可以完成的，从而积极参与，这才能起到通过儿歌教学促进词汇学习的最终目的。

其次，关于儿歌的内容，可以根据书上的儿歌，结合新单词进行改编，刚开始很有意思，但是时间一长，新鲜感就会过去。我们需要拓宽学习途径，可以将书本外的一些经典儿歌为我所用，收集课外学生比较熟悉的经典英语儿歌，一方面拓宽英语学习的知识面，另一方面让学生保持持续的学习兴趣。

3. 遵循遗忘规律的反馈

检查口头作业一般是当堂抽背或默写。但是，由于遗忘规律的作用，在第二天的课堂上，学生可能已经忘了大半，而小学生的自控力比较低，大多数学生不能在课前自觉复习，这样上课的时候，教师抽背或默写的正确率往往不高，从而容易引发恶性循环，导致学生对背诵、记默作业的厌恶和恐惧。有鉴于此，我们一般不倡导教师在课一开始马上进行背诵或默写，而是给学生一点时间，让他们有一些复现的机会。以课文的段落背诵为例，有教师是这样做的：

以第二节为例，我先让学生读，让他们与文字再次面对面，从视觉上唤起学生的回忆。接着，我让学生闭上眼睛，我背一遍，让学生回忆画面。然后，我请一个愿意背给大家听的学生背，让其他学生看书帮他检查。大伙儿找碴的劲头可高啦！找碴的过程实则是巩固的过程。顺水推舟，学生相互背，相互找碴。"能默下来了吗?""能!"大家兴致很高地翻开了默写本。默完了，我也不像往常一样急着收上来。让学生打开书，再读再背；合上书，对自己的默写进行修改。这时，我再收上来，立刻批改反馈。因为人的记忆是有梯度的，我更注重记忆的过程。到最后的记忆是最关键的，好比高楼的最后一块砖，一定要抓住时机让学生自己把背诵的内容夯实。

结果，默写的情况大有好转，大部分学生有了进步，没有整句漏默的情况，连几个学困生，最起码也记住了"雕塑家、把戏、雪浪、形状、隧道、悬崖、宫殿"这几个关键词，记住了"有的像……有的像……有的像……"的排比句式。

以后的日子里，在两分钟课前准备时，领读员就会背诵有关内容。反复滚动，给予学生完成背诵作业的时间、梯度。一个单元后，学生都能完成这项背诵作业了。这样，大家都认为背诵就是一件快乐的事。

三、动手抄默类作业的设计

(一) 动手抄默类作业的特点

动手抄默类作业是以书写为主要形式的作业，以记忆生字、词语或句子，最终达到积累字、词、句为目的。这类作业主要在英语、语文学科中比较多。在语文学科中，这类作业能够训练学生的书写能力，使学生在抄写的过程中，熟悉和认识汉字的笔画、结构和布局，让学生渐渐养成良好的书写习惯，写出一手漂亮的字。抄写是一个有效帮助学生记忆汉字、词语或句子的工具，最终达到积累的目的；而积累是一切语言组织、运用的基础。在英语学科中，动手抄默类的作业主要是让学生熟记单词、词汇、基本句型，让学生打实基础，为后续灵活的情境应用奠定基础。

这类作业虽然比较简单，但出错率却很高。主要原因在于学生觉得作业枯燥，每天重复，写起来又要花费很多时间，而重复的练习及抄写也是比较劳累的，于是他们以敷衍的态度完成这类作业，态度不认真，作业固然不会完成得很好。对于一些学习成绩较好的学生来说，有些知识已经掌握，但还要进行重复练习，他们就会觉得这种作业是没必要的。对于一些懒惰的学生来说，这些常规作业是最令他们头痛的，既花费了很多时间，又不能达到很好的效果。就这样，动手抄默类作业若不加设计，不从学生心理角度出发考虑问题，会使学生产生厌烦情绪，无法达到教师设计此类作业的目的。

动手抄默类作业的布置，最忌量大和机械化。因为学生年段的特点决定了他们无法消化太大量的字、词、句。因此，类似于抄课文这样的作业对于这个年段的学生来说，有百害而无一利。传统填鸭式的作业布置，认为抄得多记得多，是没有科学根据的。在实践中可以看到，对于小学生书写的兴趣，是要细心呵护的，只有选择他们感兴趣的内容，他们才会愿意写、愿意多写。同时，教师一旦布置作业，就必须跟进方法的指导。比如抄写生字，一般是建立在学生已经运用了科学的记字方法、记住字形和字音的前提下，再抄写两三遍，加深记忆，以巩固已掌握的字体结构；如果在抄写生字中加入运用，即用所抄的生字组词，就加强了这一抄写作业的灵动性，使学生有自主发挥的空间，不至于让学生抄到失去耐性。

（二）抄默内容的确定

抄默的作业最忌量大，所以在抄默作业上，我们要做的一件最重要的事情就是控制作业量，确定到底哪些是要抄默的，哪些是不要抄默的。有些学校布置了相当多的机械性抄写的作业，甚至要求学生每学一篇课文回家就要把课文抄一遍，闻之让人惊诧。如何布置这种常规的语文书写作业，既可以让低年级学生对要记忆的汉字有所掌握、在写字方面可以得到操练，又不加重学生的负担，使学生保持对语文作业的兴趣？对此，我们做了以下探索和努力。

1. 盘查已有的动手抄默类作业

盘查我们的动手抄默类作业，才发现该类作业量比较大，内容比较多。仅以低年级为例，抄写类作业有这样4项：

◇ 随教材附上的描红本。描红本以课文为单位，将每一课要求掌握书写的字（第一册最初是笔画）呈现在田字格中。随着年段的增长，学生先学习描写，再学习临摹。

◇ 1号本，即抄写课后生字的本子。内容包括抄写课后生字并用生字组词。一般每课都要完成。

◇ 4号本，即抄写句子的本子。一般每学一篇课文抄写一句话。

◇ 2号本，是用来听写字、词的本子，用来检测学生对学过字、词的记忆。

那么在设计作业的时候，以上作业本是否必须都要布置？会不会有更有效的作业设计呢？这就涉及抄写的目的问题。

2. 根据动手抄默类作业的目的确定内容

我们组织了一次探讨。有些教师以往在布置这类作业时不会思考为什么，他们认为在教授完一篇课文后布置抄写作业是天经地义的事情，不需要回答为什么。有些教师认为抄写是为了记忆生字、词语和句子。有些教师认为抄写除了记忆的目的，还需要借此养成良好的书写习惯，训练学生写出一手好看的字。有些教师认为抄写是为了锻炼学生的意志力。有一位老师非常生动地描述了她所遇到的困境：

学生浮躁、贪玩、基础不扎实，这使我很头痛，因为他们连最简单的默写也总无法让我满意。于是每一课结束后，我不但让他们在规定的写字册上抄写生词，还会要求他们自备一个抄写本，抄写本课生词表后的生词以及我补充的生词各两遍。让我大为恼火的是，很多学生对于生词抄写态度并不认真，要么字迹潦草，要么抄错、漏抄，在这样的学习态度的影响下，即便我加大抄写力度，他们的默写依然不尽如人意。即使是成绩不错的学生，如果我一连几天要求他们默写，他们的默写成绩也会从满分一直往下跌，对此我往往会再次加大抄写力度。于是乎，抄写—默写—订正—再抄写……在这样的恶性循环之下，满分很少，全班平均分只有70多，而不及格人数也高达五六人。但就我对学生的了解而言，如果他们能对默写上心，大部分学生至少能达到80分，不及格也能基本消灭。

对于这种情况我进行了反思：抄写的目标不就是让学生记住这个字吗？默写的目标不就是检验学生是否记住这个字了吗？如果学生不用抄写就能记住这个字，何必非抄写不可？如果学生默写已经默得很好，何必每日都默写？

在探讨中，我们逐渐达成了共识。我们认为，应该针对不同年龄段不同学生的发展规律，有针对性地调整抄写目的。

◇ 当以良好的书写习惯和能力作为目的的时候，抄写作业的量务必控制，要设计好抄写内容。

◇ 当以记忆生字、词语为目的的时候，抄写量务必要控制，可以调节、转换抄写规则和方式。

◇ 当以积累词汇、句子为目的的时候，抄写内容可以放开让学生自主选择。

◇ 当以锻炼学生的意志力为目的的时候，抄写量可以由学生自己确定，但相应的形成性评价要一步步跟上。

如下的案例表明，教师如何根据学生特点调整抄写内容，从对书写方法的指导为目的的抄写调整为以积累词汇、句子为目的的抄写。

学生对书写的态度对作业的效果会有很大的影响。低年级的学生，波动性很大，一般呈现为：起初对写字很有兴趣，因为新鲜的缘故，他们写每一个字都会全神贯注。但随着这类作业的日常化，学生渐渐不以为然，好的书写习惯还没有稳固下来，坏习惯就开始冒出来了。纠正学生的书写习惯，是一个长期性的工作，而书写习惯直接关乎抄写类作业的完成态度。在第一次执教一年级的时候，我会抽时间对写字写得时好时坏的学生进行单独的写字辅导。在这样的辅导之后，我发现有个别学生对写字产生了浓厚的兴趣，这样不用我布置辅导后的练习，他们自己回家也会认真写字。在一个学期里，这些学生的写字进步神速。但在绝大多数学生身上看不到他们对抄写类作业的兴趣。

于是，在第二次执教一年级时，我不再对这样的学生进行个别辅导，而是改变了布置作业的内容。在这一届学生中，写字有基础的学生不少，鉴于每天都有读课外书的要求，因此我布置了一项抄写类的周末作业，就是在读课外书的时候，摘抄一句喜欢的句子。这项作业布置下去以后，每个学生都会完成。比较令人惊喜的是，有一些学生出于对阅读的兴趣，抄的句子很长，会超出我心中期待的篇幅。即便是抄两三行字的学生，所摘抄的句子也十分有特色，或是有美好的词语，或是有精彩的描写，又或是有精辟的观点。

在这位老师的班级上，我们发现，有些学生在教师没有布置这项作业的时候，也会主动地在本子上抄句子。

3. 根据学生的情况进行分类设计

教师在布置动手抄默类作业时，往往不分情况，统一要求，这往往就会给学生带来很大的负担。实际上，不同学生的能力和完成情况各不相同，需要教师分类设计抄默内容。在这方面，学校教师们做了一些有益的探索。

我根据默写情况，把班级学生分成三类：

A 类学生默写能力较好，但性格较强，不喜欢默写。如果教师布置的抄写任务较多，反而会使他们降低默写质量。

B 类学生默写能力尚可，但比较粗心，容易东错一点西漏一点，拿不了高分。

C 类学生学习态度不佳，默写能力也较差，经常不合格。

针对这种情况，我加强了课堂字词教学，在备课的时候就注意到一些易错字，举出比较形象的方法加强学生的记忆。如"悬"字，上半部分的里面学生容易写成一横或者三横。我就告诉他们，一横太轻，不需要"悬挂"，三横太重，要掉下来，两横正好，不轻不重。在第二天默写的时候我也会刻意提醒他们：注意重量。这个字学生写错的很少。

在字词教学的时候，有时需要通过找近义词的方法理解词语，那么第二天在默词时我也会请学生写出该词的近义词；有时候课文也会涉及该词的反义词，只要课堂上学到过，我同样也会要求学生默写，以此锻炼学生上课的注意力，不能漏掉一个细节。

同时，我取消了统一抄写，让学生从心理上觉得作业并不多。

根据三类学生的特点，我把默写作业进行了分层。

（1）新课学完后，学生回家抄默，要求家长批改、学生订正、家长签名，让家长负起责任参与到孩子的默写功课中来。只要抄默过关，就说明学生掌握了生词，与抄写的目的一致。

（2）第二天课堂默写。3次连默100分，第四次免默，并可批改全班默写作业。

（3）80～99分的学生，在默词本上订正；60～79分的学生，在默写本订正，在抄写本上抄写；不合格的学生，在默写本上订正，在抄写本上抄写，并重新抄默。

让我没想到的是，这个新规定一出，学生一下子沸腾起来。一课结束，有的学生选择不抄写，而有的学生依然选择抄写。大家都希望做那个免默的，不但可以不用默写，而且能批改全班默写作业，对于小学生来说，这是很大的荣誉。有的学生前两次100分，第三次90分，就在那里捶胸顿足，指着错字懊悔不已。

该项举措取得了很明显的效果。经常默写满分的A类学生表示，免默和给同学批改是荣誉，很有面子，不再觉得默写枯燥；经常粗心的B类学生表示，从此以后上课时注意力特别集中，会对难写的字格外注意，默写的时候比以前仔细，偶尔受到免默奖励，就会大受鼓舞；基础较差、自信不足的C类学生表示，因为默得不好还是要抄写，还要重新抄默，别人不抄自己要抄，就感觉是一种惩罚，要改变这种情况必须要比以前更努力。

抄写大概是所有作业里最没意思的一项了，可抄写在一定程度上能加深记忆，关键是怎么运用。课后机械地抄写，学生们往往心不在焉，而默错后抄写，他们就会有意识地改正。而不抄写就能得到好分数，这对于学生来说是一剂强心针。

取消统一抄写，并为默写分层，使学生知道其实作业不多，只要自己用心，就能以最快的速度得到最好的成绩，提高学习效率。同时，免默又激发了学生对于荣誉感的追求，使粗心的学生细心起来。而在默写中时不时插入一些近反义词的小练习，可以提高学生课堂的专注力，一定程度上积累了词语。我给了学生们更多的自主权，让他们自己选择，自己承担责任，自己管理自己的学习，我想，这远比记住几个生词要有意义得多。

现在，班里的默写状况越来越好，基本消灭了不及格，大多数学生都能达到80分以上。既减轻了学业负担，又提高默写效率，让学生在默写中"默"出了成就感。

（三）让抄默成为有意义的学习

动手抄默类作业看上去是机械、简单、枯燥的，如何才能让它也变成为有意义的学习，锻炼学生主动负责的责任感？就这个问题学校教师们进行了比较多的探索，尤其是在低年级阶段，因为在我们看来只要在低年级形成了好的习惯，高年级就自然不成问题。总的原则是，在指导动手抄默类作业中，一定要先让学生理解再抄默，这样学生的学习才是在理解基础上的学习，才是超越机械识记的有意义的学习。

1. 规则1：先理解再抄默

即使在我们看来是最简单的认字，学生也要经历一个学习的过程，而不是简单地依葫芦画瓢。如果没有观察、模仿、练习、应用，学生对字的印象是不深的，即使经过多次练习会了，在以后的练习和考试中也会比较容易出错。因此，如何让学生在理解的基础上抄默是一个非要重要的问题。

先谈谈写生字。这是低年级书写指导的重中之重，书写格式不做重点要求,重在养成良好的书写习惯。其中包括对临摹字的观察、研究,书写时候的姿势、态度,以及边写边记忆。对写字的指导,以田字格为辅助,在学习字体结构特征与书写的关系之后,还要进一步确定字的关键笔画。当教师这样指导学生写字之后,发现学生的描红本书写质量比以前大大提升了。所以,要学生写好字,首先教师自己要有有效的方法。

再看抄写句子,是为了让学生熟悉句式的书写和句子的格式,并有机会运用当课学到的生字、词语。教师可以先选择简单的句子,进行实物投影下的示范,并且把句子的标点符号书写进行着重强调。对句子中比较复杂的生字,先在黑板上进行清晰的讲解,强调易错处,再让学生落笔书写。在之后选择每课要抄写的句子时,教师逐次增加一个新的知识点。比如第二次,让学生抄写在一行的最后一格出现逗号的句子;再下次,抄写有顿号的句子;然后再抄写有省略号的句子。如此渐进地学习抄句,学生掌握得也就更扎实了。

2. 规则 2:自己主动负责

当学生认为抄默的质量与效果无关紧要、完成默写作业也仅是为消除作业备忘录上的一项记录时,回家默写这项作业还会真正有意义吗?长久以来,在完成抄默的过程中,家长的帮助必不可少,他们报出词语供孩子听记,督促孩子背诵和默写语段、古诗、名言等,然后亲自批改、督促孩子订正,并在最后签上自己的名字。按理说,有了家长的大力支持,学生的课堂默写正确率会极高。然而在日常教学中,我们却发现很多班上有个奇怪的现象:全班差不多有四分之三的学生,课堂默写时经常只能默出小部分或极小部分内容,根本无法达到要求。而再看他们的家默本,却均是正确率极高,鲜有订正,并且都有家长的签名。这就意味着在抄默中学生没有养成主动负责的意识,还是依赖家长。如何让学生自己为作业负责?

我们觉得主要问题还是在于学生看待回家默写的心态上,他们没有意识到这项作业的真正意义,更没有意识到认真完成这项作业是自己应该承担的责任。有的学生看见家长工作忙、家务繁重,对自己学业关注不多,就胡乱默写一通，然后请家长签个名，就算把这项作业完成了；有的学生觉得抄默既然是由家长批改的，就有别于教师批改的其他回家作业，做起来马虎一些没有关系，反正完成了就可以；有的学生则是把家长的签名看作一把大大的保护伞，因为它能证明自己已经完成了抄默，如果第二天课堂默写不理想，一句"忘记了"就可以把责任推得一干二净……总而言之，他们都是抱着"出门不认货"的心态来完成抄默，所以效果自然差强人意。而要从根本上改变这种现状，我们认为必须从改变学生缺乏责任意识的心态入手，为他们创造独立负责的机会，学会不再依赖家长，进而对自己的作业全权负责。

◇ **请家长"退居二线"**

首先，与家长达成共识，在抄默过程中，最大限度地减少他们的参与——家长无须再亲力亲为给孩子报词语、批改对错，只需督促孩子能按要求、按规范完成抄默即可，并且无须在抄默本上签名。这一举措，减轻了家长的负担，又有助于学生养成良好的学习习惯，得到了所有家长的支持。

◇ **自己注拼音，自己写词语**

离开了家长的帮助，对学生来说，抄默词语成了一个难题，对此我们采取了一举两得的办法，要求他们先通过查字典，在抄默本上写下当天所有要默词语的拼音，然后像完成"看拼音写词语"一般默写词语。开始时，学生标注的拼音正确率不高，常会出现平翘舌音和前后鼻音的混淆，教师在批改抄默本时更仔细地逐拼音、逐字检查，若发现有写错的，就会尽快利用课余时间找相关学生来查字典后进行订正，同时请课代表在黑板上列出注音全部正确学生的名字予以鼓励。这样做了几周后，学生抄默中出现的注音错误逐渐减少了。

◇ **自己批改，认真订正**

在默写完毕后，批改的权力和任务依然属于学生——由他们自己认真对照课本批改，然后针对错误进行订正。

起初，许多默错的字词，学生并没有在自批时发现。对此，我们除了请他们及时补上订正外，还将所有错例汇编后进行分析讲解，帮助他们提高辨析形近字、音近字的意识。一段时间之后，学生自批的正确率有了明显提高。

◇ **学会为自己的作业负责**

针对前一天抄默、后一天到课堂上就全忘的非自然现象，我们在当天放学时留下这些学生再次进行规范抄默，同时与家长取得联系，加强教育。同时，为了更好地调动大家的积极性，我们在每个单元的学习中都会评选出默写正确率高和正确率有很大提升的学生，进行表扬和奖励。

这样坚持半个学期后，我们发现班上学生课堂默写的正确率前所未有地提高了：每次默写得 100 分的人数大大增加了；那些原来默写十个词就有八九个默不出的学生，逐渐能默对一半，进而又能默对大半部分了；课文片段、古诗、名言的重默率也大大降低了。细问之下，了解到主要原因是学生完成抄默时的心态有了变化——原来有家长签名，使他们有"家长是共同责任人"的感觉，多数人在抄默时有些心不在焉，所以记得快、回生也快；现在没有家长可以"分担"了，意味着有错就要自己承担全部责任，可能会受重默第二遍、第三遍的辛苦，于是他们不敢再敷衍了事，加之默词前在标注拼音的同时完成了一次记忆强化，所以对积累的内容掌握得更扎实，课堂默写时的正确率就大大提高了。此外，那些通过努力而换得的小奖品，也给他们带来了物质和精神上的意外之喜，使他们乐于为之争取。

由此可见，要改变学生的作业观，需从他们的心理机制入手，因为让学生积极主动投入要比让学生完成作业更重要。而在教会学生正确的学习方法之后，教师和家长要适时地放手，给予他们自主学习的空间，同时完善检查、督促和评价的机制，促进学生良好作业品质的养成，并让学生在作业中获得更积极的情感体验，这样才会使我们布置的作业真正有意义。

识字书——低年级学生的抄默个性化历程

对于低年级学生来说，语文学习的首要任务就是识字。语文课程标准指出低年级段要培养学生喜欢学习汉字，有主动识字的愿望。然而，单纯的记忆、默写，对于低年级学生来说是非常枯燥的。那么，怎么才能让学生识字变成有意义的学习呢？我们的教师设计出了识字书的作业形式，让枯燥的识字变成了个性化的表达过程。

上学期期中考试后，学生每天的家庭作业开始增加了默写，每一课都有七八个词语要求默写。第二天我会让学生集体在 2 号本上进行默写。经过一段时间的观察，我发现有些学生每次都是 100 分，有些学生每次只写对两三个词语。起初，我以为他们在抄默时不认真，后来发现他们的家默本做得很认真，也联系家长了解过情况，家长反映孩子在家经过几次默写后能够掌握了，但是第二天就会忘记。再看看这些学生，都是学前识字较少的，他们上课以及写字时，都没有表现出积极的态度，对识字完全不感兴趣。

正好寒假就快到了，又要布置寒假作业了，以前我总是会让学生利用假期把书后的字、词复习一遍。但是面对那么多的词语，学生一定会很头痛，通常态度也不会认真，起不到好的效果。如何让他们在休息的同时有所收获，又不加重他们的负担呢？一年级学生的主要任务就是识字，这让我想到了一个作业：制作识字书。学生可以把寒假期间在生活中、书籍上看到的、学会的字整理成一本书，可以贴也可以写，还可以将书进行美化，开学以后带到学校和大家一起交流。这样识字有困难的学生有了动力，也能认识一些字。在交流过程中，他们又能互相再学习一些字，我再适时给予一些表扬与鼓励，这样说不定会增强他们的信心。

于是，我进行了尝试。开学了，我走进教室，已经有些学生拿着自己的识字书和同学们开始讨论了。看到我来了，大家开始交作业，我也开始一本本浏览。真是每本都不同，每本识字书都有自己的特色。有几位小朋友做得特别认真。小刘的小小一本书，是横着翻的，每页都有一个字，字是用楷体字打印出来、剪好贴上去的。字旁边写了拼音，下面是组词，还有造句。再仔细看，句子旁边还配了图片，而且图片和句子内容很相符。真是太用心了，一定费了不少功夫！再看小戴的，一个漂亮的小本子，封面是自己画的，再翻开里面，五颜六色的图画和书上剪下来的字，真是图文并茂，内容很丰富。小周的识字书封面是一扇可以打开的门，"识字书"三个字做成了可以弹起的立体字，下面有一行大字：打开识字的大门。再看里面，每个字旁边都有拼音、组词以及解释条，虽然没有很漂亮的装饰，但是可以看得出是动脑筋、花心思了。

学生制作的识字书

这些精美的识字书是如何制作出来的？小刘说，一放假，他和妈妈就开始一起制订"识字书制作计划"。关于书的样子，小刘想把它做成像语文书一样大小的，妈妈说做小一点方便携带，平时可以翻翻，随时复习。小刘觉得妈妈说的有道理，于是开始剪纸、订本子。接下来，妈妈规定每天在课外阅读书中认识三个字，并把这三个字写在识字书上。于是，每天阅读时，小刘旁边特别准备了一张纸，把不认识的字写下来，再从中选择常用的三个字。妈妈教会他这三个字，再呈现在识字书上。为了美观，妈妈把字打印出来，贴在书上。为了让小刘能够记忆深刻，还写上了组词造句。小刘说，他想让他的识字书成为班级中做得最好的，他和妈妈绞尽脑汁，费了一番力气，找到和造句对应的图片，再由小刘涂上颜色，这样识字书就大功告成了。看着自己的作品，小刘别提有多开心了。

小周说，他的识字书完全是自己完成的，封面是受了爸爸的启发。当爸爸得知老师布置了这项作业时，他说：老师让你们多识字，这样才能打开知识的大门。听了爸爸的话，他就决定做一扇打开的门，而他现在要打开的是识字的大门。这扇门他制作了好多次，总是觉得不够美观，正好家里有一本书，打开书，有些小插图就会弹起来变成立体的，这又启发了小周。于是他把识字书制作成立体的，藏在门里。看来小周真是动了一番脑筋，真不容易。

识字书做好了，但是这并不代表识字就告一段落了。我利用午会课的时间，让学生们上台展示交流自己的识字书，并且可以教大家一个自己认识的字。看着台上的小老师在黑板上有模有样的写好字，大家都开始猜这念什么，当小老师公布答案的时候，我看到了他脸上的骄傲和自信。这时，我让台下的学生赶快把这个字和拼音写在自己的书上，这样识字书上就又多了一个字。接下来，大家纷纷抢着上台交流。由于时间关系，一天只交流了3个人，也许一周也只能交流这3个，但是我想学生们识字的积极性已经被调动起来了，每周多认识3个字也是有进步的。我想，在学生都对识字感兴趣的氛围下，识字也会更有效。

这段时间，教学的重点是查字典。在五一假期时，我又布置了一项作业：阅读课外书，遇到不认识的字就查字典，并把常用的不认识的字写在识字书上，这样既练习了查字典，又认识了更多的字。假期回来，我发现之前识字书制作得不太好的学生，又重新制作了一本。看来，他们对这项作业越来越重视了。接下来，还要进行展示和交流。最近的默写，100分的学生越来越多了，小黄同学以前几乎都写错的，也得过几次100分。希望这项作业能够一直坚持下去，也能够让更多的学生有所收获。

从寒假制作识字书到开学后的交流展示、继续积累，我觉得这项作业还是起到了一定的作用，提高了学生对识字的兴趣，让学生有更积极的情感体验，以往机械地完成很多作业，效果不如有思考地完成较少作业理想。

但是，最近发现学生之前认识的字，现在有所遗忘。也许当时是兴趣高、识字比较积极，而经过一段时间，兴趣减退，如果不是教师提醒，有些学生甚至已经忘记了它的存在。那么，如何继续利用好这本识字书呢？下学期，学生将升入三年级，识字量已经大大增加，有很多学生已经可以看没有拼音的书了，识字的方法也掌握得很多了。所以，我想将这本"识字书"升级为"生词书"，让学生将第一次碰见的词语记下来，理解意思后，在后面进行造句或写话。遇到已经理解的词语，又觉得是个好词，也可以记在生词书上。在积累一段时间后，学生可以互换本子、互相学习。我也可以利用生词本中的词语进行作文教学。而生词本的式样也应该较之前更加规范，我会下发统一的本子，由学生自己装饰，里面内容的格式也会做统一的要求。相信这样坚持下去，从识字到识词再到作文，学生会一点点取得进步的。

四、课后练习类作业的设计

关于课后练习的设计，我们的期望一是通过作业，学生能够掌握和提高课堂知识技能；二是希望学生在练习后，产生对学习的兴趣；三是感受学习就是生活，学习就是用来人际交流与更好地生活；四是对教师来说，能减轻批阅的负担，收获与学生心灵的分享和思想的交流。但综观现实，并非如此。

（一）学生的课后练习负担为什么这么大

在实际情境中，学生的课外时间几乎被作业所占，面对一本本、一张张的练习，学生只好埋头答题，做好了语文做数学，做好了数学做英语，订正了错题做新题，忙得不可开交。学生的作业多，教师的批改任务当然也重了，往往一摞作业好不容易改完，又一摞来了，致使教师们腰酸腿疼、眼花头胀。而学生呢？拿到作业本最关心的是分数，根本不会去关心教师逐词、逐句的精心修改。最遗憾的是，越是学习能力较弱的学生越是对教师的不辞辛劳无动于衷，他们常常连看都不看，把作业本往书包里随便一塞了事。

为什么会出现这般学生厌烦、怕做，教师也批改得筋疲力尽的情况？教师的初衷都是为了让学生学得更好，可为什么结果却适得其反？哪个环节出了问题呢？

就中、高年级的语文教学来说，新授完一篇课文后，教师一般会在黑板上出相应的习题来检查学生的掌握情况，同时也是检验自己教学的效果。这对学生而言是为了达到巩固和强化对知识的理解与运用；对教师而言，是为了发现问题，改进教学方法和策略，提高下堂课的教学实效。所以，基本操作是学生随堂抄题—当堂完成—教师收齐批阅—反馈讲评—学生订正—教师批阅订正—家长签名—最后收齐复查。

通过考察学生们课后练习的完成情况，我们发现：

练习中学生的压力大。具体表现为：抄题速度慢、来不及抄写给学生带来压力；思考时间有限，上一题还没完成，就要擦掉，进入下一题的思考与回答了；课后练习的成绩总是不高，令人沮丧。

练习后订正费时。通常，学生未必能在教师的讲评后完全消化透以致达到订正一遍就能通过的理想境界。由于教师把作业本发下来后，学生多利用课间时间来订正，他们的休息时间往往"被占用"，没有得到充分的休息，精神自然疲惫。课间还往往存在几门学科"争抢"学生的最佳时间段的现象，个别学生从"身不由己"到"三心二意"，着实力不从心。

然而，身为教师也有苦恼。教学内容的课时安排本身就很有限，要当堂抄题做，势必占用一节课的时间，"牺牲"很大。面批订正时，易与个别学生"相见两厌"。极个别学生的"顽固不化"极大挑战为师"诲人不倦"的操守，师生难免"两败俱伤"。以留堂为代价来实现"课课清"，家长未必接受，学生未必心甘；家长不甚关心与督促，学生我行我素不订正。由此看来，给课后练习减负迫在眉睫。

（二）为学生课后练习减负的六大措施

找到课后练习的诸个问题缘由之后，便可"对症下药"了。以激发学生练习的积极性、提高课后练习的效率、减少师生做题与改题的负担为目的，教师从习题的质量和数量、学生的能力与情感出发，尝试精减习题数量，分化题目难易，指导口头表述，倡导自主选题，延长完成时间，结合多种奖励与简化订正措施，以期减轻学生课后练习的负担。

1. 分难易，心不乱

学生完成作业，需要动脑、动手，需要回顾课堂所学的知识和技能，还需要自己有所创造，这些都是学生语文思维和能力的表现。为促成学生收获自己学习劳动的果实，教师将课后练习的题目名称改得更简洁明了，并设立自选题、附加题，难易度上的分层令最后的分数值升高。有了自选题，学生初步获得了自主选择的权利，能量力而行，信心得到增强。

2. 减数量，心不躁

即减少课后练习的题目数量，基本控制在三至五大题。这样一来，学生的视觉反应就不一样了，学生在心理上不会增添负担，作业时能心平气和、不烦躁，从而提高练习质量。语文作业不同于数学作业，情绪对它的影响很大。学生若觉得有话要说、想写，写的时候就会充满感情，会发出会心的微笑，会把个人的理解与领悟倾注笔下；若觉得无话可说、不想写，每写一个字句都将是一场痛苦的奴役，完成过程堪称精神上的折磨。

3. 有指导，心不慌

小学生年龄较小，无论在认识水平、理解能力，还是在学习技巧上，都有很大的局限性，都需要教师的教导和帮助，所以教师在整个作业活动中应该发挥引导和组织的作用，所有课后练习题的设计都要与课堂教学的重点、难点相结合，且在授课中加以强调，甚至让学生尝试口头练习。如此一来，精练了题目，缩短了学生的作业时间，也减少了学生无奈与畏惧的心理。由于学生有了课内的锻炼，选择做附加题的意愿大大提高，最后总得分的增值使学生收获了成就感，答题的积极性更加高了。

4. 无时限，心不急

在作业活动中，不管学生如何努力，他们都将做出水平各异的作业来。对错、好坏、是否工整等，都是客观存在的，没有学生会真正故意地制造错误。其实，教育的起点不在于判断一个人有多聪明，而是在于怎样使之变得聪明，在哪些方面可以有所提高。将当堂完成的练习改为回家练习，没有了时间的压迫感，学生做题一身轻松。加上题目设计与讲课的紧密结合，学生也体会到只要上课专心听讲就能轻松搞定，从而告别"苦思冥想"。

5. 倡奖赏，心欢喜

得到肯定是学生重要的心理需要，教师的认同是学生做得更好的重要动力。教师宣布获得80分以上均有不同的奖励，而在习题讲评后，能当天完成的学生则可以敲章或累计加分，这有效激励了学生的专心听讲。

6. 少订正，身不疲

既然题目有分层，那么订正也可以分层进行。如基础题可以擦掉在原处订正；回答题则须重新完整订正；免去重复抄写问题。如此不同的订正要求，节约了订正本，更一改学生对订正的没完没了的厌烦，完成速度加快。

通过将课后练习进行整形改变，前后的变化让教师们感受到，与其说课后练习是考查学生，不如是说考验教师自己。以上六项革新，的确使课后练习的完成情况得以改善，预期的目标也基本达到了。但是，教师们还是对自己的做法存在几点疑惑：

（1）当堂完成的紧迫与压力难道不能成为学生上进的压力吗？

（2）回家练习的时间掌控因人而异，未必人人能在宽松的环境里自觉自律，家长不配合、不管理反而会使孩子养成拖拉的坏习惯。

（3）学生适应了与课内分析相关的习题后，是否会难以应对陌生题型、题目？那知识的迁移能力是否就受到限制？

（4）对5号练习本的操作改进与语文大组的统一作业要求稍有不符时，是服从"统一"的大局还是遵从学情？

当堂练习的作业被学生带回家完成，教师看不到学生是怎样把作业写完的，看到的只是平面的、文本的结果，只能在批改时去推测。而教师是怎么批改的？学生也同样看不到，看到的也只是红色的、无声的结果，只能随后看教师的脸色。作业活动中，这两个"真空"，到底隐藏了多少鲜为人知的秘密？本着从实际中来、到实际中去的原则，教师们决定采用问卷调查来寻找"答案"，从课后练习的"第三方"——家长处着手，请家长们从"练习的设计、学生的完成、教师的批改"这三方面发表意见与建议。现附上班上语文学习能力强、中、弱三类学生的家长反馈。

学习能力强的学生的家长反馈

练习设计合理。通过习题，不但检阅孩子对课文重要词语的掌握程度和课文中心思想的理解程度，而且提高了孩子结合所学知识点发挥想象的能力和阐述自己观点的能力，对孩子提高写作能力会有很大帮助。老师批改作业很用心、仔细，对于孩子答题好的，给予"★"作为鼓励；对于答题不足的，在旁边标注点明，加以提示，一目了然。辛苦您了，老师。孩子完成作业态度端正认真，完成质量总体尚可。

调查启示：从语文学习能力强的学生家长层面看，课后练习中的拓展题有助于提高学生的写作能力，锻炼学生的想象力，训练学生的书面语言表达能力。评改中的符号具有鼓励性，适当批注具有提示性，有助于帮助学生提高订正效率，缩短订正时间。

学习能力中等的学生的家长反馈

一、练习设计的内容较全面且可行，但觉得偏多了些，能否适当简略些。二、老师批改认真并且指明方向，很好。三、学生完成作业的态度是比较认真的，也要求自己成绩提高一些，尽量做到正确，但字迹写得不够端正，需努力提高。

调查启示：从语文学习能力中等的学生家长层面看，题目数量仍有减少余地，教师在批改中有所批注利于学生补充不足，提高订正效率。学生对语文课后练习不反感，能找到自身不足，有上进心。

学习能力较弱的学生的家长反馈

本子上的设计情况基本可以，比较满意。对老师批改作业很满意。老师的认真批改，使得学生做作业不断有进步，增强了学习的自觉性，满意。近阶段，女儿在老师的教育引导下，不断进步，满意。

每次的练习都能从课文的词义、组词、中心思想、阅读理解这些方面入手，能够使得学生对这篇文章，从预习到提高理解力有一个深度的进展。老师批改非常及时，对那些出错的地方，没有简单地让学生重新抄一遍题目再重做，而是根据基础知识和阅读理解有不同的订正方法，使学生们节约了时间，提高了效率，达到事半功倍的目的。如果"回答讲评"这样的文案，早些实行的话，小朋友对课文的理解就能更深！

调查启示：从语文学习能力弱的学生家长层面看，认可课后练习题目的坡度设计，因题而异的订正方式也帮助学生节省了作业时间，具有一定的减负作用。在这类学生家长眼里教师的批改与鼓励激发了孩子学习的兴趣，并使孩子的学习有所进步。

家长反馈给予了教师们很大的鼓励和力量，他们的反馈中肯，建议值得反思。总体来说，原课堂练习已经转型为课后练习，课后练习的目的原先是帮助学生巩固和强化对知识的理解与运用，同时帮助教师发现问题，改进教学方法和策略，提高下堂课的教学实效。现在课后练习的目的则在于检验学生在课堂上的听课效率、理解力水平、语言表达之训练成果，同时能检验教师在课堂上落实教学重点、难点的情况，教学语言表达之妥善，发现并进一步夯实学生基础知识的训练，进一步完善学生书面语言的表达。现在的操作流程是：学生课后回家抄题—隔日交—教师收齐批阅—反馈讲评—学生在校订正并通过—教师批阅订正—家长签名—第三天收齐复查。

表3-5 基于学生现状对课后作业的六点微调

六点微调	学生现状
1. 题目的类型分为四类：A 基础题 + B 回答题；A 基础题 + C 自选题；A 基础题 + D 拓展题；A 基础题 + E 写话题。	竟然出现了能完全做对所有课后练习题的学生。获得 90 分以上的人数扩大许多。（得 80 分以下已算不灵光）
2. 题目的数量控制在三到五大题。	学生看到 A 类题以外的题目，多会了然于心，毫无畏色。（极个别者除外）
3. 题目的设计多结合教学的重点、难点，授课中加强想象拓展的说话练习。	未再听闻学生就完成时间与抄题发出怨言。（是题目更精减了，学生上课认真听讲了，获得成功喜悦后端正学习态度了；也是习惯成自然了；受大多数影响，明白自身因素而少推卸责任了）
4. 练习时间以回家练习为主。	练习设计与讲课紧密结合，学生有了"不动笔墨不读书"的意识。有的学生积极自觉抄板书，有的学生及时听老师的话在书上做批注，有的学生做笔记与积极发言两不误。
5. 奖励方式明细化：100 分免当日的家庭词语默写；90 分以上奖敲星；能在习题讲评后当天完成订正的学生奖励敲章或加分。	及时的课后习题讲评与 PPT 的出示，或学生亲自板书精彩回答，学生聆听变得更自觉了，再学习的劲头更足了，语段式的书面表达更正确、更流畅了，重复订正率大大降低。
6. 订正要求统一规范：基础题仍在原处擦掉后订正；B、C、D、E 类题须课后完整订正（仅扣一分者除外）；免重复抄写问题。	不同的订正要求，使订正本得到了节约，放学后留堂订正 5 号本的学生大大减少，留堂时间大大缩短，从而使学生对订正的厌烦度降低，完成速度加快。

完善了课后练习的设计，教师们深切感受到身为教师，体力上的工作压力其实没减掉多少，因为随着教学改革的深入，随着对每一个学生的关注和深入接触，教师们根本减不掉那份责任。但是，教师能够改变什么呢？

就是改变一个我们面对作业时候的心理。这样的话，就不再觉得繁重，而是乐在其中。做任何事情，如果乐在其中，那么就永远不会觉得它累。现在，批改课后练习本时间大大缩短，负担就相对减轻了。

现在能有时间为讲评分析制作PPT，甚至设计有效的练习提高课。学生从不会到会的变化，使我充满成就感。

从课前到课后，我都悉心设计预习与练习。虽然这占去了我不少业余时间，但是并没有成为我的负担，而是成为我教前预设、教后反思弥补不足的习惯。尤其是课前预习的设计，不再只是预习字词的设计，而是多结合教学的重点与难点，设计可落实检查学生阅读情况的填空、概括或问题回答，促使学生为第二天的新课学习做好有效准备，对提高新授课的教学效果起了很大的促进作用。学生对提问的思考加快了，对内容理解的交流更踊跃了，这些对教学任务的顺利完成都起了积极作用。

而每天当新授课结束，我便根据学生课上的练习情况，自己教学重点、难点的实施情况，重新调整课后练习题，有的可以完全删掉不做，有的要改掉，有的则要做适当补充。这样的思考是需要一定时间的，而我不愿草草了事，但我尽量做到在下班后的半小时内完成练习设计，这样，就不耽误回家的学生做题目。

五、实践类作业的设计

在对学生的访谈中教师们发现，一提到实践类作业，学生就两眼放光、一脸神往。可见学生对于动手实践的内容总是充满兴趣。因此，我们要改变最常见的如抄抄写写、做做练练等书面作业的作业模式，让学生在实践中增长见识、提高能力，这就需要教师将常规作业尽可能转化形式，以实践类作业的方式呈现。

(一) 常规作业中设计实践点的可能性

从常规作业到实践类作业，改变的不仅仅是作业的形式，更重要的是教师对待作业的观念。如果教师将作业看作一个知识的容器或让学生习得知识的载体，那么，实践类作业往往就会被认为是浪费时间，而书面的作业是最为经济的；但如果教师将作业看作实践过程中实践能力、合作能力和运用知识能力的一种提升，那么实践类的作业才能发挥最大的作用。

在设计实践类作业的时候，教师们认为最重要的一步，就是时时心中有这样的意识，不断发现常规作业中的可实践点。于是，学校数学教研组就"从作业的刻板定式到创意趣味的完成"这个角度进行研究，注重了学生知识形成过程的教学及课后实践类作业的尝试运用，改变数学作业机械操练的一贯模式。

"鸡肋"作业做不做？

本学期第一单元有一个教学内容是"面积的估测"。原来的作业形式是学生用方格纸判断平面图形的大小，知道大于等于半格就算一格。（见右图）作业中所有的图形都画好方格，学生只要数一数整格有几格、大于等于半格有多少，然后将两个数据相加就是图形的面积。这样"数一数，加一加"的作业形式对三年级的学生来说太简单，这只对知识的巩固有效，但对学生数学综合能力的发展是无效的。这样的作业要做吗？

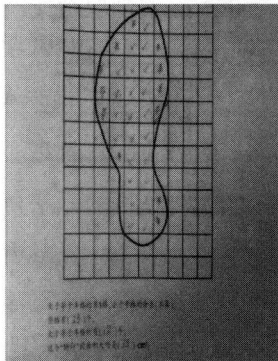

面对这样的作业，我陷入思考：要是不做，课堂上的教学得不到巩固；要是做，2分钟完成，毫无趣味。现代教学理念强调学生学习数学要能积极地参与生动直观的数学活动，体验数学与生活的联系，对与数学有关的事物产生兴趣。教材提供的是学校知识的样本，如何将教材内容与生活实际相联系，将"刻板定式的作业"改为"创意的作业，让学生有趣味

地完成"？面积的估测仅限于书本上出示的图形的大小吗？学生拿着教材中配套的方格纸如何作为面积估测的工具加以运用呢？

基于以上的思考以及重视学生实际掌握知识的过程的理念，我将本节课的作业要求改为：在放学路上或小区里任意找一片或两片树叶，张贴在纸上，然后将方格纸覆盖在树叶上，用今天学的知识记录整格是几格，大于等于半格是几格，然后计算这片树叶的面积是多少。

第二天，学生将作业交上来，我发现有三分之二的学生都找寻了两片树叶进行了面积的测量，另外三分之一测量一片树叶的学生也非常认真地完成了作业。看来学生的投入度都很高，这样的作业让学生意识到投入比完成作业更重要。

一次作业形式的改变，给了班级学生更积极的情感体验。学校的期中测试中正好有一题不规则图形面积的测量，尽管这个教学内容是开学初进行的，一个多月过去了，学生对知识并没有遗忘。我班28位学生全部找对了整格和半格的数据。

通过这次作业的尝试，我发现实践类作业从作业类型来说，一改数学作业计算、应用题等传统作业形式，通过收集落叶、张贴、测量、记录、计算等一系列动手操作过程，让学生有完成作业的兴趣和欲望，一份作业就是学生独自创作的一份作品，再通过互相评价来检验作业的对错，让学生对知识的掌握在动态中完成，满足了学生好奇、尝试、创作、成功的心理。

在数学教学中，还有很多知识点可以进行实践类作业的设计，将知识点与生活密切联系作为数学实践类作业内容，让学生在完成实践类作业的过程中，获得数学活动的经验，了解数学在日常生活中的简单应用，学会与他人合作交流，获得积极的数学学习情感，逐步形成用数学眼光观察事物的意识和兴趣。

（二）将知识镶嵌于实践情境中

在实践类作业中，设计的一个难点就是如何实现知识与情境的无缝衔接。实践类作业的设计如果失去了支撑的知识要点，就会变成空洞的玩闹。要让学生在实践中挑战自己、学到知识、应用知识，就要让知识镶嵌于实践的情境中。

1. 情境—知识整合单

为此，有教师提出，在设计实践类作业前，首先要做一份"情境—知识整合单"，以此让自己明白为什么要设计这样的作业。下面是一个语文实践类作业的案例。

四年级第二学期，第一单元主题依然是"寻找春天"，恰逢学校中华传统美德教育的开展，给我带来了灵感，我想不妨将活动的切入点放在春天里的传统节日——元宵节，围绕单元重点设计一份语文综合实践活动作业。主要是想通过传统节日这个窗口，学习、继承和弘扬中华民族优秀的传统文化，巩固学生在此单元中所学的知识点——诵读春天的诗歌，丰富自己对春天的认识和感受；通过活动获得丰富的表达材料，让学生表达出自己的真情实感，提高学生的语文素养。为此，我设计了这样的一份实践作业：

情境—知识整合单

作业设计	对应的单元知识点	目　的
摘一摘　　学习古诗《忆江南》《望湖楼醉书》后，问学生是否已经感受到了春天的气息？其实，在我国璀璨的文化宝库里还有许多描写和赞颂春天里元宵节的优秀诗篇，请学生搜集并摘抄到"阅读积累簿"上。　**忆一忆**　　对于刚过去的新年，大家一定还记忆犹新吧！是否还记得我们三年级时学习过的一篇课文《啊，汤圆》，让我们一起来回忆作者与家人过年时品尝汤圆的温馨场面。　**查一查**　　据说农历正月十五闹元宵的习俗有很多，各具地方特色，不知你是否感兴趣？赶快行动吧！	复习巩固本单元所积累的两首描写春天的古诗；适当拓展有关描写元宵节的古诗，感受春天的气息。　　了解过年吃汤圆代表的意思，体会家庭带给人们的温馨与幸福。　　通过上网、访谈了解传统节日元宵节（来历、习俗、典故等），提高他们搜集材料、筛选材料、整理材料的能力。	本单元的主题是"寻找春天"，引导学生感受春光的美丽，体会春天给人们带来的愉悦心情和蓬勃向上的力量。因此，在作业设计中选取春天的一个节日——元宵节为内容展开综合实践活动，既将单元的听、说、读、写要求融入其中，又与学生的真实生活结合起来，让学生通过自己的感官感受春天的气息，进一步体验合家团圆、其乐融融的家庭氛围。

动一动 在上海，每到元宵节家家户户都要吃汤圆，预示着新年的结束，人们又开始投入忙碌的工作中去。你家的汤圆是自己包的吗？不妨跟着家人学着包汤圆，一定其乐无穷哦！ **尝一尝** 开饭喽！今天的饭桌上必不可少的一样美食——汤圆，汤圆的口味可多啦！芝麻馅、鲜肉馅、红豆馅、荠菜馅……细细品尝它们的滋味，一定…… **拍一拍** 跟家人一起品尝汤圆，心情肯定很不错！不如拿出照相机，把这快乐场景拍下来，永驻我们的心间吧！ **逛一逛** 吃完晚饭，跟随家人走上街头，到处逛一逛，随意看一看，高兴时猜猜灯谜，感受一下节日的气氛，多惬意啊！ **做一做** 美好的时光总是那么短暂，想不想给节日留下点什么？那就请你把节日里精彩的瞬间记录下来，制成一份电子小报，作为永久的珍藏。	讲述过元宵节时的最快乐的一件事，要求学生分步骤讲清楚、讲完整包汤圆的过程，让学生在品尝汤圆味美的同时，体验温馨的气氛。 营造一种合家团圆、其乐融融的氛围，并能真实地记录下来。	作业类型多样，既有识记类的，又有实践类的，有些还具有一定的挑战性。这也正是考虑到学生的年龄特点和差异，让学生依据自己的喜好、能力自主选取其中的几项作业来完成，同时也可寻求家人的帮助合作完成，增强学生与家长之间的互动和沟通。

在这份实践类作业中其实涵盖了各种作业形式，既有书面感悟类的，又有实践体验类的，更有趣味益智类的。考虑到学生间的差异，教师把选择作业内容、作业方法的自由还给学生。这样，学生可以根据自己的兴趣

爱好和特长，自主选择作业，且数量上不受限定……实践证明，只要我们放权让学生自主地选择适合于自己的作业内容、作业形式乃至作业要求，就能使作业内容个性化、自主化，就能发挥每个学生独特灵动的个性，从而充分调动各个层次学生的积极主动性，使学生的作业完成得独具匠心。

2. 在情境中评价

实践类作业因为是以活动为载体，以体验与感悟为主要内容，以提高学生的实践能力与合作能力为目标的作业，侧重于对学生亲身体验与实践的训练与鼓励，强化作业的综合性、实践性、活动性、多样性、趣味性、体验性、感悟性、合作性、交流性等特点，所以在评价中不以知识的获取为主要的取向，这就为实践类作业的评价带来了困难。对实践类作业的评价，我们主要倡导以表现性评价、合作性评价为主，同时，也倡导教师们在实地场景中观察学生们的表现。

以上文的树叶作业为例，教师就是将这次作业的批改和评价放手交给学生，让他们用小组合作的形式互相验证，看同学的树叶测量结果是否正确。如果正确，画"√"并签名；如果错误，则同学之间互相纠正测量方法。在活动过程中，班级学生不分学习能力的强弱，全部参与了活动过程。数学课代表所在的小组有两位学习能力较弱的学生，平时小组活动多数是旁观者，而这次，他俩自信地拿着方格纸去检验课代表的树叶，批好后郑重其事地签上自己的名字。还有一位平常马马虎虎的学生，这次非常认真地纠正一名中队长如何摆放方格纸……采取这样的合作评价方式，一方面满足了学生面对改变后的这种作业形式想多次尝试的心理，另一方面由于要看别人的树叶面积是否测量正确，首先需要自己再测量一次，这就巩固了所学的知识，再通过指导错误的同学纠正测量方法，使学生的语言交流能力、指导能力都得到了锻炼。帮助别人的同学感到掌握知识的成功与快乐，被帮助的同学得到的是同伴的纠正和指导，从情感上更容易接受知识，保护了学生的自尊心和自信心。而另一些教师则采用戏剧表演、小报、概念图等多种方式来评价学生的实践类作业，这些新颖的作业评价方式有效地增强了学生的学习兴趣。

六、常规作业的批改与评分：以作文评价为例

作文练习是小学中高年级的一项常规作业，而其批改和评分一直是教师们的一个难题。学生要从作文的批改和评分中获得进一步前行的激励和改进的反馈。我们期望通过作文评价方式的变革，让学生参与作文的评价，提升作文的能力。

（一）作文评价的一般做法及常见的问题

当前，我国中小学作文评价常常以教师批改为主。教师在评价学生作文时，常常有以下四种方式。

（1）阅读完学生作文，写一个"阅"。这种情况，上海的教师已经很少用了。在大作文的批改中不太常见，常常会出现在小作文或周记中。一个简单的"阅"字，教师批得很轻松，一天就能批完所有作文，但这仅能说明教师看过学生的作文了。

（2）用单一的评语评价所有学生，千文一面。这种情况，一线的教师还是使用得比较普遍，这类评语有两种：一种是所有的作文批改都是千文一面，另一种是同一次作文所有学生所给的评价都差不多。

（3）地毯式批改，即在学生的作文本上圈圈画画，密密麻麻地做批注，帮助学生改错别字、改病句，甚至不惜笔墨，大段地增加具体描写的语句。这种批改方式，教师虽然很认真，但是包办太多，以致最后改成的作文已经没有一点儿童的语言了。

（4）只撰写评语，进行总评。激励性的评语，容易激发学生写作的热情；说明性的评语，让学生明白自己作文的优、缺点；谈话式的评语，可以增进师生的情感。但是这类评语对学生修改本次作文，或者写好下篇作文是否真正有益呢？

上述几种做法，我们在以往的作文评价中都尝试过。教师批改一篇文章常常需要花费大量时间，可是学生拿到批改后的作文本，却不愿花时间

把教师修改的作文多看几遍。对此，我们对学生进行了一次访谈，发现学生对于教师作文评价有以下几种不同的态度。

（1）只关注分数型。这类学生只关注最终得分和自己的心理预期是否一致，其余评语全部忽略，他们认为写作文也是一项作业，看个得分就够了，分数高自我满足，分数低下次再努力。

（2）只看老师评语。这类学生喜欢看老师的评语，特别期待看到表扬性的言语。若是老师的言语触动到其心灵，他们会反复读，并且分享给同伴。

（3）什么也不看。这类学生只把写作当成一项普通作业，上交即可。他们认为光看评语，也不知道如何修改，而且根本不想改，太麻烦了。所以，他们对老师的评分和评语不屑一顾，甚至连自己写过的作文也不想多看一眼。

（4）既看分数，也看评语。这部分学生写作水平较高，期待作文得到老师的认可，也愿意按照老师的指导再次修改作文。他们不但会读自己的文章，而且还会把得分和自己类似的作文拿来比较，然后问问老师更欣赏哪一篇。

（二）作文评分规则

作文评价应该是以学生为主体，通过有效的评价，顺应学生的写作心理，不断提升学生的写作能力，让学生明确自己所写文章是否达成预定的写作目的，以及知道如何来修改自己的文章。

1. 评分规则的设计

基于以上思考，我们打算摒弃现行的以教师评价作文为主的方式，选择学生互评和自评的方式。评价采用"量表" + "评语"相结合的方式。"量表"选用了目前上海市徐汇区常用的作文评价表（表3-6），里面有字词、句子、标点、段落、内容、描写和构思几个部分，旨在关注学生写作的规范、内容和构思，帮助学生了解自己的失分原因和薄弱环节。"评语"

的撰写，要与本次作文的写作目的呼应，而不是用套话，旨在引导学生了解自己的作文是否符合写作要求，同时也知道如何修改自己的文章。

表3-6　作文评价表

1 字词	2 句子	3 标点	4 段落	5 内容	6 描写	7 构思	8 总分
10	10	5	5	50	10	10	100

以上表的"5 内容"为例：一等文 45～50 分，要求思想健康，符合题意，立意新颖，有中心、有条理，内容具体，语句通顺连贯，基本没有错别字，正确使用标点符号；二等文 38～44 分，要求思想健康，符合题意，有中心、有条理，内容具体，语句通顺，比较连贯，错别字少，使用标点符号基本正确；三等文 30～37 分，要求思想健康，较符合题意，能围绕一个意思写，内容较具体，语句较通顺，有错别字，会使用标点符号；四等文 22～29 分，要求思想健康，有内容，语句不够通顺，错别字较多；五等文 10～21 分，写作不符合题意，内容不具体，表达不清楚，语句不通顺，错别字多。

该作文量表，将作文总分细化到 7 个具体的项目中，分别是字词、句子、标点、段落、内容、描写、构思。教师在批改评分时，有依据，无论是平时的大小作文，还是考试时的作文，都能按照量表扣分，增加了批改作文得分的信度和效度。但是这是区级层面的量表，使用对象是教师，学生并不会使用这样的量表批改作文，尤其是第 5 个项目内容，不知如何评分。于是，我们对这样的表格进行二次转化，根据每篇作文的目标，对这个量表进行评分的细化说明。

以五年级第一学期的一篇看图写话作文《看图，让你的思绪飞扬起来》为例。我们在作文指导课上，先规定了这篇文章的写作目的，归纳起来有两点：（1）能根据图片内容展开合理想象，所写的故事要完整；（2）能够围绕图片内容，展开具体描写。在学生完成了习作之后，教师就布置了一项作文评价的作业。

作业内容：完成看图写话《看图，让你的思绪飞扬起来》的作文评价。

要求学生认真阅读一位同学的作文，批改要求有以下六点。

1．字词、标点部分

圈出错别字、错标点，并在旁边画上订正格，一个扣 1 分，扣完为止。

2．句子部分

用尺画出病句，在眉批处写上，"修改 1"，一个病句扣 1 分，扣完为止。

3．段落部分

五年级如果还是一段的扣 5 分，有是否根据文章内容恰当分段，分段不恰当的一处扣 1 分。

4．内容部分

（1）评价本文的想象是否合理，分值区间 0～20 分。

（2）评价本文想象的故事是否完整，如果六要素（时间、地点、人物、起因、经过、结果）不完整的，相应扣分，分值区间 0～30 分。

5．描写部分

评价作者对于图片内容是否有具体的描写，分值区间 0～10 分。

6．构思部分

构思精巧的 9 分以上，构思普通的 6～8 分，构思较差的 5 分及以下。

学生可以根据上述规则填写作文评价表（表 3-6），同时老师对作文评语的写法做了引导。

作文评语的第一句话从语言表达角度评价，即批改要求的第 1～3 小点。如：本文文通句顺，书写工整。

第二句话围绕内容评价，即批改要求的第 3～5 小点。如：想象基本合理，但故事的起因交代不够清楚，也缺少对图片内容的具体描写。

第三句话主要提出一些希望。如：建议补充对图片具体描写的内容。

在本次作文评价中，我们尝试分三步走。第一步，上好作文指导课，每位学生明确本次作文的习作要求（即评价要求），完成习作；第二步，学生互相评价或选择自我评价，在撰写评语时，有困难的学生，教师提供可参考的评价模板；第三步，教师对学生的评价进行面批，并指导订正。这里着重对第二步操作要点进行说明。

2. 作文评分规则的运用

（1）教师示范评价，提供可参考的作文评价模板。由于学生刚刚尝试进行作文评价，所以我们以一篇学生的习作为例，在上课时示范批阅，并给学生提供一个针对本次写作评价的模板：读了小作者想象的故事（语句是否通顺，书写是否工整），故事写得（怎么样？要从故事是否完整、想象是否合理来评价），小作者对于这幅图片的内容（怎么样？是否进行具体的描写），希望小作者（提建议或修改要求）。

除了评语，在批改的过程中，当读到病句时，老师不是直接帮助学生修改，而是在此句下面画出一条线，打上一个问号，眉批"修改1"，学生在总评后面订正病句。若学生的文章不够连贯，老师眉批，"此处前后不连贯，补充2"，学生在总评后面订正。

我们认为写作和其他作业一样，有对有错，也有需要调整的地方，学生也应该订正。而不应该是老师让学生先打草稿，然后帮学生改得很细，最终作文本上无一处修改。作文本，要体现学习的过程，而不是结果。假如一位学生在第一篇作文中订正了3句病句，那么下一次写作，他一定会关注表达的通顺，少写病句。那这样的评价，才会对指导学生写作有用处。

（2）学生互相评价。有了老师的示范评价，学生在互评中也就有了一定的参照。互评中，每位学生享受着批改别人作文的过程。带着老师的要求和标准，学生读别人的文章特别认真，他们觉得自己俨然成了小老师，批改文章一丝不苟，写起评价得心应手。他们所写评语的内容来自作文指导课上老师的要求，也可能运用老师提供的评价模板。有些水平高的学生故意不用老师给的模板，用自己组织的语言写评语，字里行间还充满了幽默感。有些学生反反复复把别人的作文读了好几遍，生怕自己的理解有偏差或评价得不正确，还到老师那里听取意见。当学生读到病句、不连贯的地方，或是查出错别字等，都学着老师的样子，给同学画出来，要求同学在评语后面订正。最后，再根据各项指标，给这篇文章算一个总分，再郑重地签上批改人的姓名。每一次，在完成批改作文这项作业时，没有一位学生抱怨作业多，有的学生还甚至抢着多改1～2本作文呢！以下摘抄几位学生的评语。

虽然你把故事写得很完整，但是你没有具体描写这幅画的内容，希望你将这幅画的具体内容描写出来，并补在后面。

批改人：丁宇豪

你想象合理，并很有趣。你把这幅画的内容写具体了，但是病句太多，希望赶快订正！

批改人：徐韶安

你没有把小狗咬鞋带的表现具体写出来，希望你补充。还有，请你把故事的结尾写清楚。

批改人：孟楚萱

（3）学生自己评价。学生自己评价的方法同互评。大部分学生在阅读自己作文时，改变了以往浮躁的心态，逐字逐句阅读与推敲，评价正确。但也有个别学生在自评时，往往找不到自身的问题，或者不能发现错别字或语病等，以致给自己打过高的分数。这就需要教师在审阅时，认真检查，对于评价有偏差的学生及时进行指导，从而发现问题并修改。

3. 取得的效果

坚持了一个学期，学生作文的书写更规范了，写作的积极性也越来越高。作文得分率从期初考试的73.71%位列全年级第三名，到期末考试的82.72%成为全年级第一名。更重要的是，学生开始关注评价，无论是老师的、同学的，还是自己的。他们总是反复地读，有时还要找评价的同学或老师问问原因。除了读，学生写好草稿，也能学着样，先自行改上一遍，尽可能让自己的作文减少失分。

回顾作文评价方式的调整，我们发现整个研究过程顺应了学生的心理。比如，学生从原来的被动评价自己和别人的作文，到主动投入地批改；从个体阅读评价，到主动与伙伴沟通交流，不会批改的地方咨询同学，对别人评价不理解的地方，主动去寻找批改人咨询错误原因；从对写作及评价的负面情绪，到体验积极情绪。有学生说："这样批作文挺好玩的！"有学生说："最大的快乐，就是给别人找错别字和病句，有一次我找到了 9 个病句，很有成就感。"还有学生说："平时读别人作文的机会少，要看别人也不给。现在批改时，阅读到同学的优秀作文，自己的水平好像也提高了。"[①]

---

① 本章执笔者：戎茜、周健、徐兰、范雷英、解秋婉、邵欢、王骅、顾莉璟、吕捷、金惠红、周亭。

第四章

分层作业：适合每一类学生的思维旅程

五个手指有长有短，人与人之间存在差异更加毋庸置疑。当我们面对学生学习的差异，期待以分层作业来激发每一类学生积极的学习动机和情感体验时，一连串的问号浮现出来。如何通过设计不同水平的作业，促进各类学习水平学生的学习？如何将学生的学习差异作为资源来设计不同思维水平的作业？如何对学生进行隐性分层、动态管理？如何引导学生合作互助？如何引导学生选择更具挑战性的作业，以促进每一类学生的主动投入？等等。

一、分层作业的三大误区

在教学中，大多教师能正视学生学习存在的差异，认为简单地统一教学进度、难度，划一地布置作业，必将造成学优生的学习潜能得不到挖掘，学困生因未及时得到指导而越落越远，难以调动每一类学生的积极性与主动性。因此，教师提出在教学中利用差异、改变差异，并尝试在学生作业中做出一些调整和改变。但在实际操作中，不少教师片面理解分层，致使分层作业存在不少问题。

（一）表面分层

有不少教师片面理解分层，认为平时作业中有基础题、综合题和拓展题就是分层了。他们常常认为一张综合试卷中有针对不同学习能力学生的不同难度层次的题目，因此在作业布置时，不加以选择和区分，发下一张试卷，要求所有学生都在同一时段内完成。这种作业布置方式虽考虑到了作业内容的难度差异，但作业布置时较为随意，不管学生是否有能力完成，都做简单划一的处理。有时作业数量过多或难度太大，基础差的学生要花费很长时间完成，或者抄袭他人作业应付了事，或觉得跳一跳也摘不到"果子"，干脆放弃等待老师讲评。有时作业数量过少或过于简单，基础好的学生轻易就可以对付，思维得不到锻炼，"吃不饱"的状态一旦持续太长时间，学生会形成"作业就是简单、枯燥、低水平的劳动"的意识，逐渐失去做作业的兴致，忽视作业的重要性，马马虎虎对待，作业质量不高。教师在布置作业时，让学生按照自己的学习能力自由选择，但学生在完成作业的过程中，因成绩的驱动，或家长的督促，或觉得不全部完成就等同于学习能力低下等多方面的因素，每一位学生均会全部完成，结果"分而不分"，反而增加了学生的作业负担。

（二）机械分层

有的学科作业的分层设计千年不变，导致学生模式化地操练，让部分学习基础较差的学生形成刻板印象，不但达不到通过作业巩固所学、自我调节学习的积极情感体验的目的，反而导致负面作用。原本学生之间的学习基础和能力差异不大，但因对基础练习的长时间操练，导致部分学生仅会基础类题目，最终与其他学生的差距越来越大，界限越来越明显，作业成为将学生分为"三六九等"的"罪魁祸首"。比如，一些教师进行英语学科分层作业设计时，尤其是填空类的作业，对学习基础较好的学生，空格多一点，难度大一些；而对学习基础较差的学生则空格少一点，难度降低些。这样的设计看似分层了，但随着模式化的定位和机械化的操练，学习基础差的学生进步不明显。随着年级的升高，作业难度增加，基础差的学生感觉作业越来越难，常常理不出头绪；但学习基础较好的学生却因长时间的积累、巩固，做起来得心应手，这让学困生更加质疑自己的能力，容易产生自卑心理，逐渐丧失自信心。久而久之，这部分学生丧失了学习的兴趣，成为"名副其实"的"学困生"。

(三) 标签化

还有一些教师为了对学生进行因材施教，大面积提高教学质量，于是他们按照学生的学习基础和学习能力、知识的难易程度等因素将学生分为优、中、差三个层次，形成 A、B、C 三个组，且依据分组进行作业的布置和批改。这种方式看似让教学、作业更具针对性，但 B 组的中等生觉得自己被定在中档，只要会做基础题就够，做作业没有动力，往往机械完成。C 组的学生觉得自己被定在最差的一档，被贴上"差生"的标签，被老师和同学看不起，也得不到及时的帮助，于是"破罐子破摔"。C 组学生的家长对这样的定位也不满意，要么激化家长与学校之间的矛盾，要么因不满现状让学生做更多拔高的练习，过多的练习加重了学习的负担，且学生长期处于做不出题目的焦虑等消极情绪中，对学习的兴趣越来越淡，事倍功半，适得其反。

有的教师为了培养学生的竞争意识，调动不同组学生作业的动力，于是加入"优上劣下、末位降组"的游戏规则。这一做法或许能在一定程度上调动不同层次学生学习的积极性和主动性，但对于长期处于 C 组的学生或经常被"降组"的学生而言，不但没有调动他们学习的积极性，反而使他们更加缺乏学习动力，丧失对学习的兴趣。

二、分层作业的特点

(一) 基于学习差异的设计

分层作业源于差异。孔子曾说过："生而知之者，上也；学而知之者，次也；困而学之，又其次也；困而不学，民斯为下矣。"[①] 孔子将人分为几类，充分注意到了人的差异与层次。心理学也建立起了"差异心理学"，研究发现：不同个体在心理发展过程中，其心理机制、运动系统的活动能力、

---

① 杨伯峻. 论语译注 [M]. 北京：中华书局，2004：199.

感觉和知觉的灵敏度、智力、知识范围、学习成绩、兴趣、态度以及其他种种不同的心理特征都存在着程度不等的差异性。① 这些差异导致学习上的差异是客观存在的。因此，在教育教学中根据班级中学生发展的差异性、不平衡性设计分层作业供学生自由选择，提高不同层次学生的学习大有必要。

什么是分层作业呢？所谓分层作业，是在尊重学生个体差异的前提下，根据学生个性、认知水平、学习能力的差异进行分类而形成的有针对性的作业结构。统一要求的作业规定所有学生在相同时间内完成同样数量和同等难度的作业，分层作业的目的则是使不同层次学生的学习在原有基础上获得最大限度的发展。

这就意味着，与一般的作业设计相比，对教师来说最大的挑战是要了解清楚不同类型的学生在特定的学习内容上的"最近发展区"，这样才能在共同的知识点下设计出不同认知要求的作业内容。维果茨基指出儿童智力发展存在现实发展区水平和"最近发展区"水平，这是个体自身心理纵向上的差距，他指出"教育学不应当以儿童发展的昨天，而是应当以儿童发展的明天作为方向，只有走在发展前面并引导发展的教学，才是好的教学"②。同样，作业布置的目标不仅要定位于学生的现实发展区，而且要着眼于正在成熟的"最近发展区"，使作业能够唤醒、启发学生一系列内部心理发展的过程。分层作业的频率由不同教师自己确定，作业长度不一，作业的可理解性和挑战性与学生以往的学习水平密切相关，一般为大多数学生"跳一跳，摘得到"的。

（二）分层分类的优化组合

在一般情况下，作业是统一的题目，所有的学生一个样，这种设计方式并非基于学生的差异，不利于不同发展水平的学生通过作业练习在自己的"最近发展区"得到充分发展。这种方式的作业设计其实是和教师的

---

① 刘电芝. 儿童发展与教育心理学 [M]. 北京：人民教育出版社，2006：51.
② 维果茨基. 维果茨基教育论著选 [M]. 余震球，选译. 2 版. 北京：人民教育出版社，2005：248.

"考试忧虑"有关系的。教师总想让学生多学一点东西，往往有一种莫名的担心——怕学生因为少做题而影响成绩，因此多做、多布置总是好的。然而，这样做的效果恰好适得其反。学优生做了大量的题目而心生厌烦，学困生还是被一次次失败所打击。这种"一把尺子"量到底的做法，使学生在学习上产生恶性循环。因此，教师应该在作业布置中承认学生的差异，努力减轻他们学习上的压力。

为此，有效的分层作业的一种做法是进行不同认知难度的题目的优化组合，减少每位学生的作业题量。在这种类型的作业设计中，需要教师对作业的难度有清晰的认知，还要根据课堂上学生的表现进行优化组合。这种类型的分层作业我们在数学、科学中运用得比较多。另一类分层作业其实应该称作"分类作业"，也就是说，不是主要根据题目的难易度进行分层设计，而更多的是看到学生思维方式、学习方式的不同，而鼓励他们用适合自己、自己最擅长的方式来完成作业。这种类型的作业我们主要在语文、艺术领域运用得比较多。

设计基于心理机制的分层作业，即要设计不同学习水平、方式的作业，对作业进行分层、分类，以满足不同学习水平学生的需要；不对学生显性分层，引导学生选择适合的作业，降低分层作业的"标签效应"；在控制作业量的情况下，鼓励学生完成更有挑战性的作业，激发学生的自我效能感；为低水平的学生设置更有趣味和生活应用性的作业，为高水平的学生设置更有开放性的作业；引导学生合作互助，以弱弱、强弱、强强等多种组合方式，弥补分层作业带来的学生分化。

(三) 激励性评价与弹性分组

前期研究证实，对小学生而言，比作业的"完成"和"正确"更重要的是学生对作业的"主动投入"。如果作业分层了，但评价仍用统一标准，或好或差，或对或错，照样不能调动全体学生（特别是学困生）做作业的积极性。因此，如何采用激励性评价是有效分层作业需要考虑的重要问题。

总的原则是，不管对哪一层次的学生，都应该以激励性的发展评价为主，而在具体实施的时候，对优、中、差作业的评价可以不按同一个标准。对学困生判分适当放松，对学优生判分适当从严。在完成作业的时间上，对中等生可放松些，对学优生可紧些，以增强不同学生的自信和责任感。如果学困生订正后还不能听懂，就还需要设计补充性的练习，而在练习中，还可以再给他们鼓励性的加分，让他们经历学习的自我改进和提升的过程。

　　分层作业中的分组是弹性的、递进性的，不能是固化的，这就需要教师敏锐地捕捉学生的发展与进步，并明确弹性分组的基本规则，让学生有自我改进的方向。学生在这样的作业评价激励机制下，学习既有压力也有动力，在成功的尝试中树立学习的自信心，培养学习的兴趣。

三、分层作业的设计样式

　　分层作业有多种分层的方式，最终目的都是帮助、促使不同学习水平的学生有效地完成作业，在原有水平上获得发展：学优生在巩固基础知识的同时提升思维的品质；中等水平学生在保证基础知识扎实的情况下有较大的进步；学困生确保能掌握课标设定的教学底线，且保持对学习的兴趣。我们在不同学科展开了探究，以下是部分教师在不同学科所做的尝试。

（一）根据作业量和作业难度分层

　　以数学学科为例，通过对传统数学作业的布置进行反思后发现：数学作业形式单调，主要以计算题和应用题为主，不能从多方面检查和训练学生对知识的理解和掌握。另外，这些习题以封闭习题为主，条件和结论多是单一不变的，不利于对学生探究能力和创新意识的培养。此外，作业布置时往往要求所有学生在一定时间内完成统一的内容，期望学生达成同一目标，忽视了学生的个性特点，不利于学生学习兴趣和自信的培养。

在设计数学分层作业时，我们考虑到根据学生的个性、心理特征、学习动机、兴趣、学习习惯、接受能力等，着眼于学生的最近发展区，围绕作业量和作业难度两个核心变量进行分析、设置。通过增减作业量、调整作业难度，来提高作业的针对性和有效性。作业布置时，控制好作业总量，先设计好适合中等水平学生的中等难度的题目，并将其作为 B 层作业，在此基础上通过减少简单题、增加开放题、综合题等方式设计 A 层作业；通过删减难题、增加基础题等方式设计 C 层作业。学困生先把精力集中到基础知识和基本方法上，对难度稍大的知识则采取适当降低起点、减缓坡度的方法；对学优生而言，适度的拓展有利于发展其观察力、记忆力、思维力和想象力等，有利于激发他们产生新的求知欲。由于教师针对不同学生进行分层练习设计，练习难度有了梯度，这就可以使全体学生都能体验到成功的愉悦，给每个学生探求知识提供较大的空间和较多的机会。

以简便运算作业为例：在设计分层作业时，分三种难度出题，①、②、③类题目的难度依次增加，见表4-1。

表4-1　简便运算作业的分层设计

题目类型	作业设计	作业难度
①类题目	102×72 $3600 \div 25$ $125 \times 32 \times 25$	低难度
②类题目	$44 \times 37 \div 22$ $4800 \div (24 \times 25)$ $240 \div 15$	中等难度
③类题目	$37 \times 28 + 74 \times 86$ $125 \times (40 + 8) \times 25$	较高难度

以行程问题应用题为例：在设计课堂分层练习时，结合教材例题，进行类比、延伸、拓展，出了三道题目，见表4-2。

表 4-2 行程问题应用题的分层设计

★1. 张老师和李老师之间相距 18 千米，两人约定同时骑自行车出发，相向而行。张老师平均每小时行 13 千米，李老师平均每小时行 11 千米，几小时后他们在途中相遇？

★★2. A、B 两地相距 270 千米，甲、乙两辆车同时分别从 A、B 两地出发，相向而行。甲每小时行 100 千米，乙每小时比甲车少行 20 千米。经过几小时后两车相遇？

★★★3. 一辆卡车和一辆农运车从甲、乙两地同时相向而行，在离中点 18 千米处相遇。卡车每小时行 36 千米，农运车每小时行 24 千米。甲、乙两地相距多少千米？

由于第一题与本课的例题类似，学生解题的难度不高；而第三题学生要借助线段图来分析题意并解答，难度较大。题目难度与星级成正比。

(二) 增进学生思维多样性的分层设计

应用题教学在培养学生解决实际问题的能力、发展学生的数学思维方面有其独特的作用。在解决实际问题的过程中，小学生实际上完成了两个转化：从纷乱的实际问题中获取有用的信息，抽象成数学问题，这是第一个转化；分析其间的数量关系，用数学方法求解或近似解，并在实际中检验，这是第二个转化。

传统的应用题教学以数量关系、解题思路的训练为主要目的，强调通过教学使学生清楚各类应用题的结构和解题方法，通过大量的训练形成一定的解题技能和技巧。而当前应用题教学的重点在于培养学生的问题解决意识和能力，提高学生的思维能力，具体体现在以下三个方面。

（1）运用所学探求解决问题的方法。让学生面对应用题情境，运用已有的生活经验和知识水平、能力，主动整理相关信息（即弄清题意），自觉根据相关信息提出可以解决的问题（即找出隐含的数量关系），确定解决问题的策略和方法。在这样的教学过程中加强学生对应用题内容的现实性和数学性的对比，促使学生主动探索和建立解决问题的数学模型，既培养了学生的问题解决能力，也发展了学生的数学思维水平。

（2）让学生重视获得知识的思维过程。应用题教学以指导思考方法为重点，让学生掌握解答应用题的基本规律，形成正确的解题思路，指导学生分析数量关系并在具体情境中解决问题，常进行改变问题、改变条件的训练，使学生排除解题的固定模式，提高举一反三的能力。

（3）注重引导学生在解决问题时运用多样化的途径和手段。数学题的解答常常一题多解，往往"殊途同归"。

为此，无论是课堂练习还是课后作业的设计，教师都要关注到：结合生活情境，运用生活常识；注意对开放题的训练与指导；关注一题多解的练习等。既做到夯实基础知识，又力求适度拓展，开拓学生的思维，培养学生的学习兴趣。

结合生活常识题示例：

甲、乙、丙三人去买冰棒，每人都带了整数元钱，冰棒的价格是整数角，已知甲带了1元钱，最多能买2根冰棒，乙带的钱最多能买6根冰棒，丙带的钱最多能买11根冰棒，并且乙、丙的钱合起来也不够买18根，那么一根冰棒要多少钱？

我们注意培养学生的逻辑推理能力，让学生结合生活常识来解题，让学生从已有条件出发，通过层层剖析，得出结果，从中获得成功的喜悦。

开放题示例：

有50位同学去划船，大船每条可以坐6人，租金10元，小船每条可以坐4人，租金8元。如果你是领队人，准备怎样租船？

这道题的答案有多个，如何让学生找到最佳方案，我们指导学生根据大船的条数从多到少依次考虑得出10种不同的方案，并从中找出最佳方案。

除上述类型的开放题，我们还可以设计一些条件开放的应用题，向学生提供一些多重条件的应用题，让学生从现实情境中提取数学问题，选用两组不同的条件可以解决同一个问题，让学生学会面对复杂的条件选择有效的条件来解决问题，培养学生处理信息的能力。也可设计一些答案开放的应用题，让学生提升面对现实通过不同的论证、预测可能出现的结果的能力，从不同视角考虑得出不同结论，优化学生解决问题的策略。

一题多解示例：

李师傅要加工 360 个零件，6 小时完成了 90 个，照这样计算，剩下的零件还要加工多少小时？

思路一：先求剩下的零件数，再求每小时的工作效率，最后求出还要加工的时间。列式：$(360-90) \div (90 \div 6)$。

思路二：先求每小时的工作效率，再求共用的时间，最后求出还要加工的时间。列式：$360 \div (90 \div 6) - 6$。

思路三：先求剩下的零件数，再求它是已完成零件数的几倍，最后求出还要加工的时间。列式：$(360-90) \div 90 \times 6$。

思路四：先求总任务是已完成数的几倍，最后求出还要加工的时间。列式：$360 \div 90 \times 6 - 6$。

思路五：通过对思路四列式的变形，又可列出另一种解题算式：$(360 \div 90 - 1) \times 6$。

通过这类应用题的练习，学生得到了全方位、多角度地考虑问题的思维方法的训练不仅能提高分析问题、解决问题的能力，更能开阔解题思路，提高思维能力。

（三）根据不同学习风格的分类作业

学习科学的研究告诉我们，每个人的思维并不存在高下之分，而更多地体现为不同的类型。这在语文、艺术等学科中体现得特别明显。有些学生之所以有时显得"笨"，只是因为他没有用教师常用的方式来思维。而我们需要反省的是，我们给学生提供了怎样的机会让他们展现自己的个性差异？

以语文学科作业为例，我们通过对传统语文作业的布置进行反思后发现：由于各种各样的原因，不少教师把语文作业简单地理解为"练习"、"巩固"、"反馈"，而没有从更深的角度来理解作业，从而导致作业设计中作业形式单一，一般都是以"抄写"、"按课文内容填空"、"默词"、"组词"等形式出现，容易导致学生出现简单重复、疲劳应战等现象。繁重的作业负担、单一的作业形式、枯燥的作业内容，不仅失去了作业应有的教育目的，而且磨灭了学生的学习兴趣，抑制了学生多元化思维的发展，使学生成了名副其实的"单一学生"。

以《美丽的小兴安岭》为例，以往的作业为：

（1）抄默该课的词语。（2）摘抄文中的三个比喻句。（3）背诵第3、第4、第5段。

这样的作业形式和内容，对于部分学生特别是学困生来说，背诵、默写情况不够好，甚至出现不想订正作业、逃避作业等现象。调查后发现这与作业设计有直接的关系，教师设计的作业不合学生胃口，作业的素材、题型、方式创新不够。这种作业设计往往只重视学生对基础知识的巩固和接受，造成作业形式单一、内容枯燥，学生反复进行机械记忆、强化记忆，把语文课变成了纯技术的训练，结果导致学生对语文失去兴趣，学习效率低下。

1. 按照学生智能、爱好的不同进行分类

每一个学生的智力都各具特点并有自己独特的表现形式，教师要根据每个学生的个体差异，给他们提供思考、创造、表现及成功的机会。为让每一名学生在语文素养上都能得到不同程度的发展和进步，教师要"变单一作业为多元作业，变单一学生为快乐学生"。

怎样既尊重学生经验，又尊重学生个性，为重视学生个性发展寻找一个支点，让学生的作业快乐起来？如何让学生更充分、更独特地表达自我，用多种符号和语言表现自己的独特体验与感受，使他们的身心健康成长呢？这就需要教师改变过去单一的文本作业，让学生广泛地涉猎各个领域，广泛地参与各种活动，在发现学生的最佳才能后，为其创造良好的环境和条件，鼓励他们将自己的才能优势发挥到极致。需要教师把作业的心理机制运用到作业设计的全过程，更加注重学生的作业投入，调动学生的作业兴趣和自主意识；更加注重学生的作业品质，让学生在学习思考中陶冶情操、走向成熟；更加注重学生的情感体验，让他们更好地享受作业带来的快乐。

以《美丽的小兴安岭》为例：

《美丽的小兴安岭》是一篇写景的文章，作者围绕"美丽"这个中心词，按春、夏、秋、冬的顺序，抓住代表性的景物，写出了小兴安岭的美景，字里行间流露出对小兴安岭的热爱之情。学习这篇文章，旨在让学生了解小兴安岭一年四季美丽的景色，感受大自然的美好，在感受小兴安岭美丽富饶的同时，体会文中用词造句的准确，学习作者抓住小兴安岭每个季节景色的特点进行观察和表达的方法。

通过平时的观察及对班级学生特点的了解后，教师发现：该班有十几名学生很喜欢唱歌，而且还唱得有模有样；有几名学生擅长绘画，在各类比赛中获得了不少奖项；也有几名学生热爱写作，课余的时候经常写写日记、随笔；还有的喜欢朗读……学生们有着不同的特长和兴趣爱好。为充分调动全体学生对作业的积极性，让他们通过作业练习在自己的最近发展区得到充分发展，巩固所学知识、形成技能、发展智力，于是设计了以下的分类作业，以增加作业的趣味性和可选择性：

①爱习作的你，不妨写写你对小兴安岭的感受；

②爱朗读的你，不妨有感情地读出小兴安岭的特色；

③爱绘画的你，不妨画出小兴安岭给你印象最深的景象；

④爱唱歌的你，不妨创编赞美"小兴安岭"的歌唱给大家听；

⑤爱文学的你，不妨摘录文中优美的语句；

⑥爱观察的你，不妨找找小兴安岭其他的特点。

作业布置后，学生的兴趣顿时高涨，大家按照自己的喜好积极参与：有8名学生选择了朗读，4名学生选择了摘抄成语和比喻句，5名学生选择了借助影音资料对小兴安岭重新进行观察、描绘，5名学生选择了绘画……

分类作业起到了明显的效果：

选择朗读的学生，对文章的重点词句有了较为细致的思考，朗读中能够把握字词意义，语句正确通顺，情感层次清楚，特别是"郁郁葱葱"、"密密层层"、"严严实实"这些关键词语，朗读富有深情和感染力，让大家感受到了夏天森林的青翠茂盛。有的学生在读"森林献出了酸甜可口的山葡萄"一句时，特别声情并茂地读到"献"一字，同时还说出了自己的读后感："老师，我感到森林就像我的好朋友，乐于助人，我感到人和森林应该是一家人……"这样的朗读进一步培养了学生的语言感受能力，提升了学生的朗读水平和认知情趣。

爱好观察的学生利用教师电脑上网搜索了不少小兴安岭的图片，凸显小兴安岭"密、柔、广"三个特点。他们还跑到教室前的花坛边认真观察，设计了"花海"词语小接龙。该作业有效地延伸了学生的学习兴趣，开拓了学生的思维。

选择绘画的学生，第二天就上交了5幅小兴安岭水彩画，有春天的，有夏天的，有秋天的，还有冬天的。画中还有自己摘蘑菇或是打雪球的身影，体现了学生对美好未来的向往，其品德修养得到了美的熏陶。

特别是选择文学类的学生超出了老师的想象，有不少学生在自己《难忘的冰糖葫芦》随笔中，运用了"酸甜可口"、"又香又脆"等词语；在《公园的早晨》日记中，运用了"千万缕像利剑一样的金光"、"真像个美丽的大花坛"等比喻句。还有的学生写了《可爱的大海》《美丽的彩霞》《难忘的夜空》等小文章，写出来的语句富有诗情画意。

更难能可贵的是平时比较内向的小王同学，居然编出了一首《兴安小调》并为全班同学哼唱：走进了迷人的小兴安岭，就扑入了茫茫的林海，望一眼醉人的祖母绿，诗情画意我激情满怀，我愿变成一只蝴蝶，期待你迷人的花开……

学生们通过发挥各自不同的优势智能，审美情趣、思想修养等一下子全都激活了。他们表现出空前的积极性和创造性，把自己投入知识的海洋、各显神通，根据自己的理解、能力和爱好，选择其中一种方式来表达对小兴安岭的喜爱。在这之后，绘画、朗读、写作的学生日益多了起来，他们在读书时，表现出越来越多的真情感悟，理解能力明显提升。写日记的学生也增多了，不少学生能将所学为我所用，自觉在小日记、小随笔中运用课本中的好词、好句。更重要的是，学生们参与学习、主动学习、自主学习的积极性提高了，语文素养也在潜移默化中有所发展。

2. 按照学生理解、接受能力的不同来分类

学生因身心发展、性格特长、生活体验和认知方法的不同，在理解和接受能力上各有差异。为此，根据学生的理解、接受能力的不同，教师把课内作业设计成"自助餐"型，让学生根据自己的需要和能力去选择。

以《美丽的小兴安岭》为例：

A 类：根据课文中描写的小兴安岭进行一次奇异的游历，如果你是作者，在游历后，想说些什么呢？请把你的想法写下来。

B 类：读读课文中作者展开丰富想象和联想的句子，由此你还想到哪些景象、哪些相关的成语？

C 类：抄写词语，摘录描写景色奇异、物产丰富的句子。

A 类题型灵活多样，偏重于理解、想象、运用；B 类题型较 A 类要低一层次；C 类多为比较简单的巩固性作业。这样的作业设计让学生根据自己的情况选择，使不同层次、不同水平的学生都能体会到成功的乐趣。同时，学生又具有好强的心理，往往会迎难而上，努力"跳一跳"，摘到"果子"。

作业布置后，选择 A 类作业的学生中有十多名学生展开合理想象，描写自己在家人陪伴下，走入小兴安岭的林海，与小动物们一同嬉戏的场面，描写了与家人一同滑雪橇的场景……这使学生自觉地把阅读和表达融为一体，在读懂的基础上展开合理的想象，有效地促进了学生对课文的理解，培养了学生思维的灵活性、开拓性和创造性。

选择 B 类作业的学生中有 6 名学生写出了"鹅毛般的、大雪封山、白皑皑、白茫茫、银色的世界"等描写大雪的词句，还写出了大兴安岭的林

海雪原、"北极村"漠河、草原盛会"那达慕"等景象。

选择 C 类作业的学生中有 8 名学生摘抄了"三棵针、猴腿菜、柞树、都柿、猴头"等特产,详细介绍了每个特产的功能和功效,感受到小兴安岭真是一个巨大的宝库……

这类作业巩固了学生的语文基础知识,提升了学生积累和运用语言文字的习惯。

四、分层作业中的教师指导与同伴互助

分层作业旨在通过作业结构的优化,提升不同学业水平学生的学习。现实中,分层作业的频率并不确定,有些教师的作业每天都分层,有些教师的作业定期分层,有些教师的作业却从不分层;学生可能将所有层级的作业全部完成,导致作业负担过重;教师常按照学生的学习基础和学习能力将学生分为优、中、差三个层次,容易给学生贴标签;学生以往成绩越差,往往会选择完成机械类、识记类等不具挑战性的作业;作业反馈常由教师批改所有学生的作业,或批改学习水平较高学生的作业,再由他们批改其他学生的作业,容易导致学生的两极分化。可见,如果分层作业中的某些细节处理不到位,其实效也常常受到质疑。如何降低分层作业中容易引发标签效应的负面影响?如何弥补分层作业容易带来的学生分化?如何鼓励学生完成更有挑战性的作业?这些都是教师们在进行作业分层操作时,需要进一步思考和研究的问题。

(一) 教师指导以激励学生自我挑战

为降低分层作业中容易引发的标签效应,在分层作业的设计与布置时,通常采用对作业显性分层,而对学生隐性分层,引导学生自主选择适合的作业,且对学生层次的划分不是固定不变的,而是进行动态管理,根据学生的答题结果适时引导,做出调整。

1. 隐性分层，降低标签效应

如在前文提到的简便运算分层作业设计一例中，教师将学生隐性地划分为 A、B、C 三个层次，提供三类难度不同的作业供学生选择其中的 1～2 类练习。一般而言，不同层次学生的自选情况与教师期望学生做出的选择出入不大，教师可根据学生的作答情况，对部分学生提出建议，引导学生做出最适合的选择（表4–3）。

表4–3　简便运算分层作业的学生自选与教师反馈

题目类型	作业设计	隐性分层学生的自选情况	学生作答结果	教师的建议
①类题目	102×72 $3600 \div 25$ $125 \times 32 \times 25$	C 类学生选①、②	正确率较高，全都做对者较多	连续做对可免做①，尝试选做③中的一小题
②类题目	$44 \times 37 \div 22$ $4800 \div (24 \times 25)$ $240 \div 15$	B 类学生选①、②或②、③	前者正确率高；后者大多错 1 题，有 2 人错误较多	选①、②的可尝试选做③中的一小题；错误多的可先选做①、②
③类题目	$37 \times 28 + 74 \times 86$ $125 \times (40 + 8) \times 25$	A 类学生选②、③或只做③	②的正确率高；③学生大多错 1 题	提高③的正确率

这样的分层作业既能控制作业总量，改变原本一次做 8 题、一个一个类型逐一过关的做法，避免大量练习加重学生负担，避免给 C 类学生带来挫败感，产生厌学情绪。同时，作业内容具有一定弹性，学生可自由选择，避免贴标签，且能调动学生的主观能动性。此外，还配以教师适当的建议，使人人在原有基础上都有所进步，让学生的学从被动完成转向主动投入。

此外，教师在尊重学生、隐性分层、动态管理的原则之下，还可通过耐心、细致的谈心，关注各类学生的作业心理，了解各类学生作业中的难题，让学生树立克服困难的信心，激发各类学生的求知欲望，使获得成功的学生能再接再厉，使受到挫折的学生能放下包袱，迎头赶上。这种"分层式谈心"将改变传统教学中重视"尖子生"、忽视"中间生"、冷落"后进生"的现象，做到关注每一位学生的作业情况，真正做到面向全体。

2. 鼓励学生完成更有挑战性的作业

作业的挑战性指的是个体所知觉到的作业难度，即作业是很容易完成还是需要付出很多努力。有挑战性的作业是对学生个体而言中等难度的任务，难度高于学生的现有水平，但不过于困难，学生"跳一跳够得着"。好的分层作业设计能使作业的挑战性符合相应层次的学生的学习能力。但当学生面对不同思维水平的作业时，教师如何鼓励学生完成更有挑战性的作业？

（1）制定规则。在控制作业量的情况下，可通过制定作业选择的规则，鼓励学生完成更具有挑战性的作业，以激发其自我效能。

如在设计应用题分层作业后，每次练习以 8 题为一组，其中有 6 题为一星题、1 题为二星题、1 题为三星题，由学生自由选择、组合题目来完成 6 颗星（表4-4）。

表4-4　应用题作业的分层设计

★★★1. 甲、乙、丙三个小组的同学去植树，甲、乙两组平均每组植18棵，甲、丙两组平均每组植17棵，乙、丙两组平均每组植19棵。三个小组各植树多少棵？
★★2. 甲、乙、丙、丁四位同学，在一次考试中四人的平均分是 90 分。可是，甲在抄分数时，把自己的分数错抄成87 分，因此算得的四人平均分为 88 分。求甲在这次考试中得了多少分？
★3. 小胖骑车郊游，前 2 小时共骑了 17 千米，后 3 小时平均每小时骑了 10 千米。小胖平均每小时骑多少千米？
★4. 一辆汽车从甲地开往乙地，前3 小时平均每小时行55. 4 千米，后 2 小时共行118. 8 千米。这辆汽车平均每小时行多少千米？

★5. 一辆汽车前 2 小时平均每小时行 40 千米，后 2 小时分别行了 43.5 千米和 44.5 千米。这辆车平均每小时行多少千米？

★6. 五年级（1）班第一小组期中数学考试中，得 100 分的有 3 人，得 96 分的有 4 人，其余 5 人共得 348 分。第一小组平均每人的数学得分是多少？

★7. 一辆汽车前 3 小时行了 210.5 千米，后 2 小时行了 90 千米。这辆汽车平均每小时行多少千米？

★8. 一组学生参加电脑考试，3 名女生共得 258 分，5 名男生平均每人得 90.8 分。这组学生的平均成绩是多少分？

作业选择规则表明，选择较高难度的题目，作业量可适当减少。为此，学生会权衡自己的能力和水平，在保证准确率的同时，尽量少做已会的题目。于是，便会有以下选择：若 8 题都会做，则选择三星题、二星题、一星题各 1 题；若仅会做三星题或二星题中的 1 题，则选择三星题和 3 题一星题，或二星题和 4 题一星题；若二星题、三星题都不会做，别无他法，才会选择做 6 题一星题。这样的作业选择规则掌握了学生选择题目的心理特点，加上教师适时鼓励学生逐层递进，渐渐的，挑战二星题、三星题的学生比例会逐步增加，学生会尽力挖掘自身潜能，选择具有挑战性的作业。

◇学困生王同学说："应用题天天练 6 颗星便能达标的'政策'替代了以前 8～10 题的练习，比以前更人性化。"

◇中等生吕同学说："我认为每天做'6 颗星'的好处在于：我不再认为应用题那么难做、那么陌生。现在，我做应用题的速度越来越快，效率越来越高，对做应用题的兴趣也提高了许多。但是我认为还要改进一些，题目再多出点，难的题也再多一点，这样同学们面对的题目越多越难，做应用题的兴趣反而会更大。"

◇学优生陈同学说："我以前在做应用题上自我定位为 B，经过多次的学习，我觉得这种作业有挑战性，对我有着很大的帮助，应用题专项练习也提高了我的成绩，我现在的自我定位应是 A 档了。"

（2）适时调整。同时，还要通过一些分层练习把握学生选择的心理，对作业设计适当做出调整，激发学生逐步学会调整难度。

正如表4-2中对行程问题应用题做的分层设计，由学生从3道题中自选1道，结果显示：由于第一题与教材中的例题类似，难度不高，仅有1人选做；第三题要借助线段图分析作答，难度较高，只有6人选做；其余学生均选了第二题。从3道题的正确率看，第一题对；第二题和第三题均有2人做错。可见，学生的自我定位能力较强，会根据自身情况合理选择，对已掌握的题目不会再做，且对不熟悉的题型有畏难情绪，害怕出错，一般等教师分析讲解后再跟进。鉴于学生这样的心理，教师在以后的作业设计时可做出调整，将第二题降为一星题，将第三题降为二星题，引入新的题型作为三星题。

如此设计，学生内心的畏难情绪可得到一定程度的缓解。常常做这样的训练，学生虽同样只做一题，但学生举一反三的能力会不断增强。如此便能引导学生在保证夯实基础的同时，逐步完成更具挑战性的作业，学会主动学习。

（3）设置坡度。此外，因学生对某些知识点的掌握不够牢固，在某一类题目中容易经常出错，所以教师对学生的错误思维进行深度剖析就显得尤为重要。一方面，在作业设计时对重点、难点知识的把握要设置坡度，便于学生循序渐进地理解和掌握相应知识；另一方面，针对学生容易出错的关键点，要设计拓展练习，在练习中设置思维"陷阱"，引发学生对易错处的关注，让学生在更具挑战性的作业中获得成就感。

比如在化简求值这类计算题中，学生的正确率常常不高。教师对学生的错题进行分析后，一方面要提供情境，布置"用字母表示数"的填空题，为理解"代数"有困难的学生做好铺垫，培养他们的"代数"思维。如：

（1）小丁丁今年10岁，爸爸比他大 a 岁，2年以后，爸爸（　　）岁；

（2）五年级有男生 x 人，比女生多11人，五年级一共有学生（　　）人；

（3）小胖和爸爸、妈妈一起去世纪公园看花展，成人票每张 a 元，儿

童票每张 b 元，他们一共花了（　　　）元钱买门票。

另一方面，要抓准学生出错的关键点，设置思维"陷阱"，让学生在体验化简求值的过程中产生心理和思维的震撼，引发对易错点的关注。如通过"$4a-6b-2b+2$，$4a-(3a+6)+4$"等练习让学生关注增减括号时是否变号的问题。

（二）同伴互助以促进递进

引导学生合作互助是弥补分层作业带来学生分化的有效途径。根据学生的个性差异，通过弱弱、强弱、强强等多种组合方式，小组内部的差异会缩小，有利于促进学生的共同进步，教师的个别辅导和补救教学也更易取得效果，从而使各类学生在不同基础上得到不同层次的提高与发展。

1. 自愿结对，适时微调

合作互助中互助小组的结成不能由教师主导，毕竟合作互助的过程是由帮助者与被帮助者共同完成的，自愿结对能使合作互助小组内部更和谐，有利于达成预期目标。在合作互助学习开展过程中教师密切关注学生的想法、适时做出调整也非常必要。以下是一位教师引导学生合作互助的做法。

老师结合对班级学生的了解，通过对简便计算测试情况及作业情况的分析，在心中将班级 28 名学生分为三层：计算能力好的 8 人为 A 层，占全班人数的 28.6%；基本过关的 11 人为 B 层，占全班人数的 39.3%；在计算方面存在较多问题的 9 人为 C 层，占全班人数的 32.1%。C 层学生主要存在以下问题：（1）做作业不自觉，经常不能按时完成作业；（2）不懂也不问，喜欢抄袭作业；（3）订正不及时，存在拖拉问题。老师期望依靠集体的力量来缩小落后面，让学生在课下督促、帮助他们解决学习上的困难，克服消极心理。

合作小组的形成不是由老师单方面匹配、决定的。为了形成合作小组，老师问所有学生："自己认为目前计算还有问题、没有过关的同学请站起来。"站起来 11 名学生（其中老师内定为 C 层的学生除 1 人外全站起来了)。再问："你们在简便计算中碰到难题，是否愿意其他同学帮助你？不愿意的请坐下，愿意的我们形成合作小组。"结果只有2人坐下（之后了解到：小秦B认为自己不需要别人的帮助，认为这种结对的方式不好；小晟C认为自己能管好自己，不需要别人帮助，也不愿意帮助别人，管人太烦)，有9人愿意得到别人帮助，并根据自己的需要挑选了一名同学结成对子。此外，还有8人无事可做，于是又问："有谁愿意帮助别人？"有7名同学举手，形成了以下的帮助小组。

需帮助者	结对者	协同帮助者
闻闻	婧婧	小方C
安安	霏霏	小程
小杨	小解	
小何	小尤	小胥
小童B	小宋	小王
小唐	小徐	小孟
越越	楠楠	小赵
小孙	小钱	小邵
小李B	小刘	

一周后，总体感觉较好，学生不做作业的人数减少，订正及时的人数增多，不少学生进步明显，计算水平得到提高。为了进一步了解互助小组开展合作学习的情况，老师做了一项调查，发现大多数小组学习氛围浓厚，能够共同进步。也有一些小组存在些许问题，如：(1) 帮助者太严格，学困生不配合；(2) 学困生不自觉，帮助者不积极，问题依旧；(3) 帮助者太热心，学困生补齐了作业，帮助者反而没按时完成作业。根据这种情况，老师又微调了两个小组，将因为帮助别人反而使自身退步的两名学生暂时先撤换下来。

在整个过程中，老师密切关注学生的合作互助学习，发现：这些帮别人的学生要帮别人首先得抓紧时间完成自己的作业，学习效率明显提高；

学困生则抓住机会请教同学，便于及时纠错，按时完成作业。一段时间后，有的学生提出要更换合作学习伙伴，虽理由各异，但其目的都是希望合作小组成员共同提高。教师通过收集学生想法，适时进行必要的调整及重新分组，有利于合作学习的开展。

通过分析学生反馈的意见，老师再次调整了合作小组，除了四名 A 类学生没有合作小组外，所有学困生均得到了来自其他同学的关心与帮助。实践证明，在合作互助学习过程中，学生之间互相支持、互相鼓励，使人人都能学懂、学会。

2. 将"不喜欢"消灭在萌芽状态

在日常的教学中发现，学生常因为喜欢或不喜欢某一类题目，而影响对分层作业的选择，进而影响对某一类知识点的掌握情况。

如在化简求值这一类计算的练习中，发现学生的正确率不高，教师通过进一步调查发现，21.4% 的学生不喜欢做这类题，理由是：①过程比较多；②不能提高什么本领和解题技巧；③不会做，不喜欢化简。而喜欢做这类题的学生的理由是：①解题速度快，容易做，得分高；②容易，好做，有趣；③题目有趣，使我思维活跃；④解题过程巧妙，有趣；⑤逆向思维题多，有助于对难题的解答。

其实，这类计算题的难度不高，部分学生因刚刚接触这类题，对它没有像竖式计算、递等式计算、解方程、列式计算等类型的计算题那么熟悉，尚未找到相关知识的迁移，在解题中便常常出现错误，错多了便害怕做这类题，因此便不喜欢了。如何消灭学生"不喜欢"带来的一连串消极情绪呢？对此，教师们尝试了以下方法：让喜欢这类题的学生与不喜欢这类题的学生结对，在课外分享自己理解该类知识点的经验，通过形象思维启发，通过变式练习巩固，等等。

如"$6b+3b$"，喜欢这类题的学生一看便知道，他们通过形象思维去启发不喜欢这类题的学生，如问他们：6 个苹果加 3 个苹果是什么？6 个方块加 3 个方块又是什么？不喜欢这类题的学生逐渐理解，慢慢的，连"$6b-3b$"，"$6b\times3b$"和"$6b\div3b$"也学会了。喜欢这类题的学生还会自行出题，通过形如"$m \times m \times 2 = \cdots$，$x \times x = \cdots$，$3.6a + 1.4b + 1.4a = \cdots$，$3x \times 2 + 5x = \cdots$"等练习来巩固化简；通过"当 $x = 4$ 时，求 $12x + 5x - 6$ 的值"和"当 $y = 9.6$ 时，求 $0.4y + y \times y$ 的值"等练习来巩固先化简再求值。

通过课内、课外相结合，在同伴的启发和指导下，不喜欢化简求值的学生逐步学会用含有字母的式子表示数量或数量关系，化简含有字母的式子，学会在给定字母值的情况下求出含字母式子的值。

同时，学生对化简与求值规律的理解和应用大大加深了；逐渐能独立思考、解决问题，增强了主动学习的信心；在遇到新问题时，会主动检索与之相关的旧知识，利用已有的知识来解决新问题。

在"分层作业＋合作互助学习"实施后，我们进行了问卷调查。调查结果显示，学生总体觉得作业量适中，认可分层，喜欢合作学习的方式，对数学产生了更为浓厚的兴趣，学习的主动性大大提高，变被动学习为主动学习，敢于挑战难题，开阔了解题思路、提高了解题能力。通过分层，大多数学生能按时且认真地完成当天作业；不少学生不懂就问，抄袭作业现象明显减少；订正及时，拖拉问题大大改善，现在不自觉的学生已控制在 3～4 人。

在分组合作互助学习实施一段时间后，我们进行了后测，学生成绩与前测比较进步明显。开展实验的班作业量少了，但减负不减效，他们不仅消灭了不及格，并将平均分提升了 7 分多。其中有 1 人 100 分，13 人 90 分以上，8 人 80 分以上，70 分以上和 60 分以上的各有 3 人。A 类学生人数增加了，而 C 类学生人数减少了。其中有一个女生，因基础较差，在合作学习前她计算从不及格（前测中 6 题竖式计算全错），而通过"分层作业＋合作学习"，老师和帮助她的两名学生不厌其烦地帮助她，在后测时，她及格了，6 题竖式计算只错了 1 题。又经过 2 个月，在期末考中，她计算失分在 10 分以内，达到了 80 分，进步明显。

之后的调查显示，只有 10% 的学生觉得自己没有进步，90% 的学生认为有进步，其中还有近 20% 的学生认为进步明显。

通过实践，教师也体会到：只要在平时的教学活动中，根据每类学生的现有水平有目的、有系统、持之以恒地抓好简便运算的基本训练，就能发展学生的思维能力，使学生变"学会"为"会学"，突破简便运算教学这一难关。此外，教师还需注意做好学生的辅导工作。通过课中学生回答问题和板演，课后对书面作业的面批，及时地发现学生在计算中出现的问题并加以解决，使学生对某类题的"不喜欢"情绪尽可能消灭在萌芽之中。

分层作业和合作互助学习，通过因材施教，注重发现和培养学生的个性特长，使不同层次的学生均能自主发展，从而达到"共同发展"与"差异发展"。现在，教师已将作业的分层设计和合作互助实践推广到其他板块的教学与作业设计中，以全面提高学生的数学素养。

作业是一个学生的思维旅程。它是学生学习知识、认识社会、提升自我的实践活动。小学生对外界的认知与思考、心理素质和品质的养成、系统知识的积累等，很多都是通过作业获取的。而通过分层作业的设计，丰富学生的快乐体验，让其思维旅程更为丰富精彩，是我们期待达成的目标。于是，我们通过作业量和作业难度的多样组合，打破封闭和程式化的操作，了解学生多样的智能、爱好，通过研究学生理解、接受能力的差异等途径来丰富语文、数学等学科作业思维水平的层次；对学生隐性分层、动态管理、分层谈心来降低分层作业可能引发的标签效应；通过自愿结对、适时微调来引导学生开展弱弱、强弱、强强等多种组合方式的合作互助，弥补分层作业可能带来的学生分化；通过分析学生心理巧妙制定选择作业的规则，适时调整作业的难度、提升学生的思维水平，适度为学生思维水平循序渐进的发展设置坡度等途径来鼓励学生完成更有挑战性的作业，期望破解分层作业可能带来的问题，以提升分层作业的品质，丰富学生的体验。虽然这些举措的效果不一定立竿见影，但这些调整和探索的确在一定程度上激发了学生更积极的动机和情感。

如今，作业分层的观念已在我们的头脑中萌芽、生长，但富有智慧和创造力的实践仍有待后续更深入的探究。[①]

---

① 本章执笔者：杨钦、郭殊玲、刘莉。

第五章

单元作业：实现学生知识逻辑与心理逻辑的统一

如何基于课程标准设计具有整合和应用特点的单元作业，实现学生知识逻辑与心理逻辑的统一？学生对知识的掌握不应是"颗粒状"、零星的，需要建构起"知识树"，形成整体的认知。当我们期待以单元作业的设计来建立知识之间的联系和统整，实现学生知识逻辑与心理逻辑的统一时，同样有许多疑难问题需要破解。于是，我们在教学和研究的过程中，依据课程标准，编写作业指南，引导教师们运用作业指南调整作业设计，通过完善作业评价方式、作业指导课等途径解决单元作业惯常采用的合作型、表现型等作业带来的诸多问题，最大限度地发挥单元作业的效用。

一、单元作业的特点

什么是单元作业呢？单元作业并非一种既定的作业形态，而是相对于传统的单课作业（也称为课时作业）而提出的一种作业概念。单元作业是以提高学生的学习兴趣和素养为目的，通过打破学科内容章节之间的界限，通常以教学单元为单位，结合教材单元编写的特点，基于对某一知识、能力学习应完成的基础训练与后续发展要求的分析，从课前、课堂、课后三类作业的职能出发综合设计的一类作业。教师设计单元作业，是期待在巩固学生已有知识、技能的基础上，引导学生构建完整的知识结构，让学生在掌握知识迁移的方法中，提高问题解决的能力。

（一）"单元"的知识整合

着眼于"单元"是单元作业的表征。如果教师满足于一课一课地教学、一课一课地布置作业，很有可能忽略了学科内容知识的统整，造成学生所习得的知识都是支离破碎的，不能正确建构起知识之间的内在结构，所学的知识也不会融会贯通。在这种情况下，单元作业成为必需。很多教师的做法就是把单元内的每一课作业叠加在一起，这显然曲解了单元作业的真正含义。这样的作业虽然注重学生基础知识和基本技能的训练，但是单一的、机械性的操练非但没有达到预期的目标，反而使学生怨声载道，作业的效能并未真正显现。例如，有些数学老师为了训练学生的口算能力，每天千篇一律布置20道口算题，忽略了不同阶段口算训练的不同目的，忽略了口算训练与单元教学之间的内在联系。

从目标看，单元作业是一个相对完整的过程，在这个过程中，"三维"目标的有机融合和有效落实问题逐步得以实现；从内容看，单元作业以一个"单元"为相对独立的教学单位，强调从单元这个整体出发设计作业，突出内容和过程的联系性与整体性；从方法看，单元作业不是对单元内一课一课作业的叠加，而是依据学生的认知特点和某个单元的教学内容，设计合理的、有一定思维梯度的作业，注重学习的阶段性和层次性，避免了传统作业的随意性与盲目性。

在设计单元作业时，要让学生在作业中体会知识的系统性。一个单元的教学，如果在学完之后不从整体上加以总结、概括，学生所获得的知识总是零散的，这不利于学生将学到的知识前后关联起来，没有充分发挥单元整体教学的功能，同时，也不利于学生将学到的知识系统归整、综合应用。

教师在设计单元作业时，一定要明确本单元的训练重点和它在本册所处的地位与作用，厘清本单元训练重点反映在各篇中的教学要求和要达到的教学目的，准确地把握好知识的系统和综合，帮助学生逐渐构建起知识的内在联系，做到将前后的知识内容逐步深化、不断提高。同时，在单元作业设计时，要把一个单元中的教学内容、教学活动当成一个相互联系的整体来对待，单元作业设计应始终贯穿于整个单元主题教学之中。单元作业实施伊始，教师就要将整个单元的内容、计划、目的、学习时间以及将要进行的主要活动通盘考虑、全面规划，教学的设计、教材的整合、方法的选择等都需要细致策划，甚至可以把"创意"全盘托给学生，和学生一起拟订方案。这样，借助教材中原有的"整体编排"，在作业中以单元主题引领整个单元的教学活动，同时根据教学重点整体设计作业，避免了教师出现一课一练的作业形式，也避免了学生盲目而大量的题海训练，将节省下的时间还给学生。

（二）重知识的应用

强调知识的逻辑性和应用性是单元作业的内核。在实践中，我们发现单元作业设计要注意两个方面的关系与整合：一方面，是知识体系的内在和多重的联系，以求整合；另一方面，是学生个体诸方面的内在联系、互相协调和整体发展。单元作业倡导积极开展实践活动，让学生用亲身感受来获取知识或加深对知识的理解、运用，是书本知识与社会实践的结合点。例如语文学科，在每个单元的综合练习中，老师总会安排一项学生感兴趣的语文实践活动。以往这项活动老师要么删去不讲，要么随意布置、没有反馈，仅仅流于形式而已，既没有融合单元的主题内容，又没有促使学生的听、说、读、写能力得到全面训练，而且也没能提高他们收集材料、筛选材料、整理材料的能力。

（三）从知识逻辑转化为学生的心理逻辑

单元作业强调注重学生对学习过程的全程参与和全力体验，但是在实践过程中，我们发现不同学生面对此类作业的心理各不相同，完成作业的质量也参差不齐。由于单元作业是针对一个单元内容而设计的作业，相对常规作业来说，作业量比较大，完成作业所花费的时间也会相应地增加，使得部分学生在作业过程中产生厌烦的情绪。单元作业中整合了一些系统的知识，由于部分学生先前对这部分知识没有熟练地掌握，因而在完成作业中产生一定的困难，随之出现了畏难情绪。同时，教师往往采用练习卷的形式给学生布置单元作业，使得学生误认为是一次考试，故容易产生惧怕的心理。

有鉴于此，教师在设计单元作业时应把握学生的心理，实现学生知识逻辑与心理逻辑的统一。首先，随着年级的升高，各学科教材的编排随之发生变化，其中最明显的是单元的整体意识在不断加强，但这点恰恰常被教师们所忽略。而单元作业不仅可以帮助教师清晰地梳理出小学阶段各学科的知识系统，同时可以帮助学生建构知识逻辑，将散点的知识结构化地呈现在学生面前。这样长期坚持做下去，单元作业能够引导学生将所学的知识按照知识结构建构起自己的认知结构，逐步形成整体的、综合的、关系式的立体思维品质。同时，这样的单元作业有利于学生知识的建构与运用，对课堂教学设计也是有益的补充，可谓相得益彰。

其次，对学生的心理品质培养而言，单元作业的完成无论从量上还是从质上都是有一定难度的，这种难度不仅体现在综合实践上，更表现在完成作业的过程中需要持之以恒的耐心，以及生生、师生、学生与家长之间的合作。正因为单元作业的这些特点，使其成为培养学生在坚持中勇于实践、在实践中善于合作的最佳载体。具有实践性、整合性、合作性和一定挑战性的单元作业，有利于激发学生的斗志，减轻学生的作业负担，提高学生的作业兴趣；有利于学生情感、态度和价值观的形成、改变与完善；有利于提高学生的素养和能力，为学生的终身学习和终身发展打下基础。

二、编制基于课程标准的单元作业指南

在研究过程中，我们达成了共识：一份好作业必须是基于教师把握新课程的理念和学生的作业心理来设计的。当务之急，需要围绕课程标准对学科教材做一次全面的梳理。在梳理过程中再次强化教师各学科的教学目

标意识，逐步树立整体构架学科作业的意识，逐步清晰对各年段教学目标要求和评价落脚点的认识，进一步明确课程标准中各年段目标与总目标之间的关系。

在正确解读课程标准的基础上，学校依托学科教研，对语文、数学、英语、自然等学科进行了研究，形成了学校语文、数学、英语、自然四门学科的作业指南，明确了各学科在各年段、各单元中知识获得、能力形成的标准，体现了知识的关联与统整，也呈现了一些作业的范式。

（一）厘清学科知识结构

教材是根据课程标准编写的，是对课程标准的具体化。教师研读教材首先要认真学习课程标准，深入领会课程标准的实质，再通读小学该学科的全套教材，掌握某一知识结构中的内容所分布的年级、各年级内容之间的内在联系，清晰总目标与递进目标，把知识的连续性与教学的阶段性统一起来。在此基础上，再了解全册各部分之间的内在联系，了解在这一册中基础知识和基本技能的具体要求，即教学目标。这样，从宏观上了解教材，可有效避免教学中的盲目处理和点状随意。因此，我们根据学科的不同特点进行了知识结构的梳理。例如语文学科，我们抓住"拼音—字词—句子—阅读"这条内容主线进行目标梳理；数学学科则通过教学内容和认知水平这条线索来进行梳理。

紧接着，学校又根据知识结构对各学科教材进行了纵向的梳理，即把握核心知识或能力在整个小学各年段的要求，使各类教学内容目标的达成呈螺旋状结构，从而避免教师将后面要做的内容提前做掉，使教师更合理地规划课时，有更多的时间编制、设计作业，为学生提供更广阔的发展空间。

（二）界定年段核心目标

根据各学科知识结构的特点以及各年段教学内容的达成度，教师们又从中找到各学科、各年段教学的重点和难点，以及年段知识间的相互关联，并以此界定各年段的核心知识与学生的认知水平。表 5-1 是从整个语文学科作业指南中选择的"阅读"和"表达"两个部分的部分内容。

表 5-1 语文学科中"阅读"和"表达"的核心目标

	阅　读	表　达
学科核心目标	能在课内静心、认真阅读文章，并乐意在课外广泛、持续地阅读各类读物，有持久的阅读兴趣。 　　能自主地运用课内阅读中学得的阅读方法练习阅读类似的文章，在一定量的自主练习的过程中，提升阅读的能力。 　　能主动联系生活经验和已有的学习经验提出阅读中的疑惑，并能运用比较、归类等方法对所学的内容进行梳理、归纳，形成新的认识。	乐于与他人交流自己阅读中的感受、见解，以及生活中自己感兴趣的见闻。 　　能自觉地将阅读中学得的一些基本的表达形式运用到口头和书面表达中。 　　能认真倾听、阅读同伴的发言或习作，积极思考、发现他人表达中的长处和不足，并主动在听取他人意见的基础上对自己的表达内容和形式做出修正。

教师们进一步探讨如何从年段目标到单元目标。以语文三年级第二学期第八单元为例，本单元共有 5 篇课文：《燕子专列》呼吁人们要爱护动物，《路旁的橡树》引导人们爱护植物，《去年的树》表达对朋友的爱，《一路花香》侧重要爱自己、认识自己的价值，《灰雀》赞美列宁爱鸟、更爱儿童。这几篇文章都传达出一种爱，一种人与自然和谐共处的大爱。根据作业指南，这一单元的重点就会非常清晰。

> 拼音

读准多音字、易错字和生字。

> 字、词、句

(1) 在语境中，学习生字、新词。

(2) 滚动训练用多种方法理解词语（能分辨常用词语、词义间的差别；能在字典的解释条中，选择关键词素的意思；能根据词义，找到对应的词语）。

(3) 初步体会比喻句的表达效果。

> 段篇

(1) 继续培养学生质疑解疑的能力。

(2) 继续培养学生复述课文内容的能力。

(3) 继续培养学生概括段落内容的能力。

(4) 继续培养学生关注文章空白处、展开合理想象的能力。

(三) 确定作业指南的框架

在确定学科核心目标的基础上，教师从中提炼各学科核心要素，经过反复修改、调整，形成了语文、数学、英语、自然四门学科的作业指南框架。其中核心要素有"知识目标"、"相配套的题例"、"题例的操作说明"。另外，根据学科间的差异，还出现了学科间不同的要素：如英语学科增加了"知识点"这一要素，数学学科在知识目标里又细分为"识记"、"理解"、"应用"、"分析"、"综合"、"评价"等，表5-2呈现了五年级第二学期"图形与几何"板块中的第四单元的作业指南框架。

表 5-2 "图形与几何"作业指南框架

板块	教学内容	作业达成目标	识记	理解	应用	分析	综合	评价
图形与几何	长方体和正方体的体积（第四单元）	1. 初步积累体积的经验，知道物体所占空间的大小叫作物体的体积。	√					
		2. 初步认识体积单位：立方厘米、立方分米、立方米，理解三个单位之间的关系。	√	√				
		3. 掌握求长方体体积的方法，会解决实际问题。				√		
		4. 会将组合体切割成几个长方体与正方体，掌握计算简单组合体体积的方法。				√		

（四）积累作业设计样例

有了作业指南的基本框架，就好比走路多了一根拐杖，教师根据作业指南的要求，对作业的设计目的更加明确，科学性、合理性、操作性也在不断增强（表 5-3）。

表 5-3 四年级英语 B 册 Module 1 Unit 1 的作业设计样例

项目	知识	目标要求 听 说 读 写				作业类型例举
语音语调	-ar（car） -or-（pork） -ue（blue） -oo-（school）	√	√	√		1. Read and choose（找出四个单词中画线部分字母发音不同的单词） （　）1. a. glue　b. juice　c. blue　d. pupil （　）2. a. pork　b. short　c. work　d. horse 2. Read and judge（认读画线部分字母发音是否相同，用"T"或"F"表示） （　）1. card　hard　（　）2. juice　glue

续表

项目		知　识	目标要求				作业类型例举
			听	说	读	写	
词汇	核心	watermelon grape plum cherry strawberry a glass of juice	√	√	√	√	1. Exercise book P3 C 2. Exercise book P4 E 3. 看图写句子 Is it a watermelon or a cherry?
	非核心	Crunchy Vine	√	√	√		4. Read and write（用所给单词的正确形式填空） （1）There are some sweet _____（cherry）on the desk. （2）Don't put this _____（watermelon）on the floor.
句型	核心	1. Is it … or…? It's… 2. Yes, You are right. 3. … I think.	√	√	√	√	1. Exercise book P5 F 2. Exercise book P5 G 3. Exercise book P7 Task A 4. Read and choose（读一读，选择填空） （1）Is it an _____（apples/apple）or a _____ （melon/melons）? （2）Is there _____（many/much）orange juice or apple juice in a bowl?
	非核心	How about…!	√		√		5. Think and write（根据上句写下句） （1）Is it a plum or a strawberry? _____ （2）Is it a plum? _____

项目	知识	目标要求				作业类型例举
		听	说	读	写	
阅读	核心 At Alice's home	√	√	√		1. Exercise book P6 H 2. Exercise book P7 Task B 3. Read and judge（读短文，判断下列句子，正确的用"T"表示，错误的用"F"表示） 　A good breakfast is important. We can easily understand that. As we have not eaten anything for about twelve hours by breakfast time, our bodies need food for doing morning activities. … （　　）1. We need food in the morning because we have plenty of time to eat something. …
	非核心 The fox and the grapes	√	√	√		4. Read and answer（阅读文章，根据文章内容回答相关的问题） 　Our class teacher is Mr Green. He is a tall lady. Her hair is golden. She's very beautiful. She's got a little son Jimmy. He's lovely. He can speak English and a little Chinese. He likes to run on the grass. He often plays with balls. We can play with him every Sunday afternoon. （1）Who's your class teacher? _____ （2）What colour is the teacher's hair? _____
写作	The juice I like				√	1. Think and write（根据所给的题目写文章）

　　显然，这样的梳理不只是将目标定位于当前的知识和能力，而是更多地指向知识内在的结构关联以及学生学科学习能力的发展，不仅有利于实现学科独特的育人价值，更有利于教师个人学科素养以及学生整体结构思维能力的提升。作业指南的编写让教师们明白了作业不在于量多，靠"题

海"取胜的方法不仅影响了学生的身心健康，而且降低了学生的学习效率，重要的还是取决于作业的精当、对症。而作业指南恰好对教师的作业设计起到了很好的指导作用，它使作业更具科学性、针对性，这样的作业对学生而言才是轻负担、高效率的。

通过作业指南的编制，教师清晰地了解到一类知识贯穿于整个小学阶段，从一年级到五年级，此类知识要求呈螺旋式上升，年段目标达成度各不相同，因此教师在设计作业时会更多地考虑到学生的年龄特征和认知水平，提高作业的合理性和科学性。

同样，作业指南的编写，不仅让教师掌握小学教材的整体内容结构和编排体系，而且深入研读某个知识结构中各部分知识在整套教材中的前后联系、展开逻辑和递进要求，并特别关注"节点"（册与册的"衔接点"、单元与单元的"提升点"、例题与例题的"生长点"等）处教材的编排特点，进而形成一个个具有结构意义的学习单元。尤其值得一提的是，习题也是教材重要的组成部分，按照与例题的匹配程度，大致可以分为以下几个层次：基本题，起到巩固新知识的作用；变式题，起到加深理解新知识的作用；综合题，起到灵活应用和提高的作用。教师需要研读每道习题设计的目的和要求，明确例题与习题的对应关系，再把它们分配到相应的课时里，一方面可以安排专门的练习课，设计层次清晰的练习，另一方面可以将例题与习题有机融合，将相关练习融合到知识的探索、验证、拓展过程中，融练习于新授之中。

作业布置完成之后，还有重要的一环是作业反馈。它是教师在教学过程中，把产生在学生身上的学习效果作为新信息返回，影响并调节教学活动，从而对系统起到调控的作用。同时，作业反馈是师生、生生之间多向信息交流的过程，是优化教学过程、展开有效作业的重要环节。在全面推进新课程实施的当下，必须要从学生作业反馈中获取信息并加以分析，从而及时调控师生双方教与学的过程，及时调整师生双方的教和学行为，最终实现高品质的有效作业。因为，教学反馈能够及时检测教学的效度，提供调控教学有效进程的信度，牵引调节教学有效活动的力度。

三、单元作业的设计样式

为了整合单元教学目标，让学生能较为系统地整理单元学习要点，获得成长，我们编制了语文、数学、英语、自然四门学科的作业指南框架，音乐、美术等学科的老师也做出了很多实践探索。

（一）根据作业指南设计的纸笔单元作业

随着课题进入实证研究阶段，我们通过课堂教学的实践，不断修改、完善这份作业指南。学校以教研组为单位，结合课堂教学，以"循环实证"的方式对作业指南中设计的题例加以研究，在研究中发现问题，提出修改或调整意见，从而不断匡正作业指南，提高作业指南的科学性、可操作性。

以语文学科第五册《天鹅的故事》一课的作业设计调整为例，我们以作业指南为依据，认真细读文本，研究年段知识点的要求，对照上一个年级和下一个年级有关这个知识点的阐述，然后准确定位，形成了一个层层递进、由易到难、由简单到复杂的认知结构，经过几轮实践、修改，最后形成了这份符合年段要求的作业设计（表5-4）。

表5-4　《天鹅的故事》的作业设计调整

	原先的作业设计	改进后的作业设计	调整说明
课前预习	1. 认真、通顺地朗读课文，不会读的字查字典后标上拼音，想一想课文讲了一件什么事。 2. 在文中圈出部首相同的词语，想想它们的意思，并抄写在下面的横线上。 例：呼啸＿＿＿＿＿＿ 3. 重点朗读3、4小节，有不理解的地方标上问号。	1. 读通课文，不会读的字查字典后标上拼音。 2. 课文中有哪些你不理解的词语，请标上问号。 3. 想一想，课文讲的故事你读懂了吗？	课前预习环节，放手让学生自己思考、理解词语，对学生来说是有困难的，况且此题中还有找到词语后抄写的要求，这也就意味着让学生独立地自学字词，这样的任务量是很大的，而一般来说三年级初期，预习的策略以读和想为主，写的部分应避免。

续表

	原先的作业设计	改进后的作业设计	调整说明
课堂练习	1. 根据课文内容完成填空。这篇课文讲述了一群天鹅（ ）战胜恶劣环境的感人故事。在（ ）的带领下，天鹅群用（ ），最后脱离了困境。 2. 联系上下文，想想天鹅三次啼叫仿佛在说什么。 （1）一群天鹅落在湖面上，"克噜——克哩"地啼叫着，好像在说＿＿＿。 （2）湖面上传来阵阵"克噜——克哩——克噜"的叫声，仿佛在说＿＿＿。 （3）天鹅不时发出胜利的欢呼声："克噜——克哩——克哩!"好像在说＿＿＿。	1. 根据课文内容完成填空。一年春天，寒潮突然降临，湖面又上冻了。（ ），最后摆脱了困境。 2. 联系上下文，想象天鹅们第三次啼叫仿佛在说什么。	经过精减以后，题目的表述更加规范，出题的意图也更加明确，就是要学生概括地写出故事的经过，即老天鹅和众天鹅是怎么做的。而尝试用简洁的语言把老天鹅和众天鹅做的事说清楚也正是本课的教学重点，这样一来，课堂作业能更好地为教学服务。
课后练习	1. 读句子，圈出括号里正确的字。 （1）只听到（各　咯）吱一声，木板上（裂　列）开了一条小缝。 （2）今年冬天格外寒冷，一阵阵北风呼（肃　啸）而过。 （3）轰（窿　隆）一声，地面塌陷了，出现了一个很大的窟（窿　隆）。 （4）听到这个消息，大家一下子都（证　怔）住了。 2. 写出描写风的词语。 例：北风呼啸＿＿＿	1. 读词语，选出描写风的词语抄写在横线上。 春风满面　春暖花开 凉风习习　烈日炎炎 寒风刺骨 ＿＿＿＿＿＿ 你还知道哪些描写风的词语？把它们写在横线上。＿＿＿ 2. 联系上下文，想象天鹅们第三次啼叫仿佛在说什么，把句子写在横线上。 天鹅不时发出胜利的欢呼声："克噜——克哩——克哩!"好像在说＿＿＿。	这题是课堂作业的延续。学生在课堂中进行了说话训练，但这仅仅是口头表达，在课后作业中要让学生把自己想象的语言落笔写下来，这就提高了要求，不仅要合理想象、规范表达，更要关注书写和标点的正确使用。这也是对学生写话能力的一种锻炼。

从前后作业设计的对比，教师清晰地认识到：（1）在布置预习作业时，不但要注意预习内容的安排应该有一定的坡度，由易到难，使学生养成有序预习的习惯，也要关注学生的学习能力，设计适切的预习内容。（2）在设计课堂练习时，教师应该选择适切的作业内容和形式，提高作业的有效性。同时，也应该围绕教学的重点，重视过程的展开，使学生不仅仅能填写答案，更要知道完成的过程，让他们在文本理解、思维训练等方面都得到不同程度的锻炼。（3）在布置课后作业的时候如果要用到教材中的练习，可以根据学生的情况做适当调整，用好教材才能提高作业的实效。另外，课堂上指导过的练习，也可以在课后加强训练，帮助学生进一步巩固知识要点。

很明显，通过这一研究过程，教师们不仅能正确把握某一学科、某一年段的教学要求，而且对年段教学要求在整个小学阶段的地位、作用也有了较为清晰的认识。

（二）合作型单元作业

纸笔单元作业在语文、数学、英语等学科中运用较多，而在音乐、美术、体育、自然等其他学科中，我们尝试运用更加多元的单元作业形式，通过合作型、实践型等单元作业，增强学生的团队合作、实践创新能力。在此，我们以音乐学科为例，探讨合作型单元作业的设计。

音乐作业是一种有情感、有知识、有技能的音乐实践活动，是学生掌握知识、形成技能、发展智力的音乐学习基本途径。常态下小学阶段的音乐作业主要以课堂练习为主。而二期课改提出改革学生的学习训练方式，即增加学生音乐学习训练的自主体验和探索，其目标是要让学生的音乐学习产生实质性的变化，逐步改变以教师为中心的局面，促进学生实践能力与创新意识的发展。曾经，音乐作业几乎采用当堂的合作练习，这样的作业设计凸显出一些问题：学生讨论、排演的时间不充分，学习中的合作性难以体现；部分学习能力一般或较弱的学生容易产生依赖心理，学习的自主性没能得到充分的体现。于是，我们尝试调整作业设计，设计以单元复习为主的合作作业，将原本的课堂练习变成课堂与课后相结合的中长期形式的作业。以《行进的脚步》单元合作作业的设计为例（表5-5）：

表5-5　《行进的脚步》单元合作作业的设计

作业对象：四年级学生

作业方式：小组合作（6人一组，全班共5组）

作业完成时间：两周

作业要求：

（1）在完成单元内容学习后，以小组为单位利用网络收集、聆听不同种类的进行曲，以电子小报形式向班级同学介绍自己所收集到的内容；

（2）利用已有的知识以及新学到的有关进行曲特点的知识合作完成表格任务；

（3）以"我眼中的进行曲"为主题，合作创编8小节的旋律来表现不同人群或动物行进的脚步，在课堂上用不同形式（演唱、演奏、肢体表演等）表现；

（4）能准确书写、演唱或演奏创编的旋律。

本次作业定位为合作型作业，就是希望学生在完成作业的过程中，从原本个体完成作业的状态转变为团体合作完成的状态，通过团体的力量，实现相互学习、相互影响，在交流中逐步建立自信心，增加学习兴趣，提高学习的效率。这种以合作为主的作业形式，可以帮助学生在复习、巩固知识的过程中增强与同伴合作的意识和能力，增进生生间的人际交往。

对于音乐学科的合作型单元作业而言，在学生完成作业的过程中，教师的适时指导不可或缺。为了避免学生不能按时完成作业，或即使完成作业的小组也是由组内能力较强的一到两位同学"包办"，作业完成的质量不尽如人意等结果的出现，在布置和完成合作型作业的过程中，教师需要预判和了解学生在完成作业过程中出现的问题，予以适时的点拨、帮助。

首先，在布置作业之初，教师要干预学生的分组及组内学生的任务分配与认领情况，避免出现"包办"现象。其次，在作业布置一周之后，要对学生完成作业的情况进行询问，了解学生在任务完成中可能出现的困难，并给出建议。对于学生普遍感觉较难的任务，如创编旋律，在课堂上要进行有针对性的指导，请学生当堂完成一条 4 小节的旋律创编任务，并对其中较为优秀的作业进行展示和讲解，避免学生创编旋律的热情之火被遭遇的困难所浇灭。

（三）实践型单元作业

实践型单元作业是以学生在校内外的实践活动为主要载体的单元作业形式，更强调学生在情境中综合运用所学到的知识。下面以美术学科为例探讨这一类单元作业的设计。

美术教育是体验生活和提升生活中生命价值的过程，美术写生课是美术教育教学中的一个重要环节和主要部分。意大利美术家、文艺评论家克洛奇指出：直觉就是艺术，艺术的定义就是直觉。在美术写生单元的教学中，随着美术写生主题的变化和学生兴趣的增加、直觉的表现，在潜移默化中学生学习了相关的绘画知识与技法。写生的单元作业使教学更深入自然，让学生学会认真观察，发展敏锐的观察力，丰富色彩感受。

原有的写生课程存在两个最大的弊端。一是学生作业公式化，缺乏创新。受传统经验性教学方法的影响，以往教师为了达成教学目标和作业的有效性，非常注重每个教学环节之间的衔接，为了确保在课内完成预定的教学任务，课堂中主要以教师讲为主，提问很少，给学生思考讨论的时间不多，学生的思维往往受教师的控制。二是学生完成作业的时间快慢不一。每课时只有短短的 35 分钟，除去整顿课堂、导入、师生交流、激发想象，一节课留下来让学生创作的时间就少得可怜了。长此以往，导致学生对美术渐渐失去了兴趣，美术综合素质也越来越差。

对此，美术老师对四年级美术教材中的写生课程进行梳理，整合成为写生单元。在教学中提倡发挥学生的艺术直觉，在写生作业中，要求学生从观察事物的外在形象，到能联想与观察对象相关联的其他事物及自己与观察对象之间的某种联系，并在画面上表现出来。要求学生不拘泥于客观事物本身，拓展视点，进行超现实表现。在这一过程中，学生逐渐掌握基本的造型技巧。这种单元式的教学方法，充分发挥了学生的主观能动性，使每个学生都能自由表达对客观事物的理解，以促进和加深不同能力学生对美术写生课的体验。

实施要素、实施策略、情感与能力是整个写生单元作业实施的结构要素。每个结构要素下相对应的是教学实施中每个环节应该达到的知识目标、能力目标和内容，见图5-1。

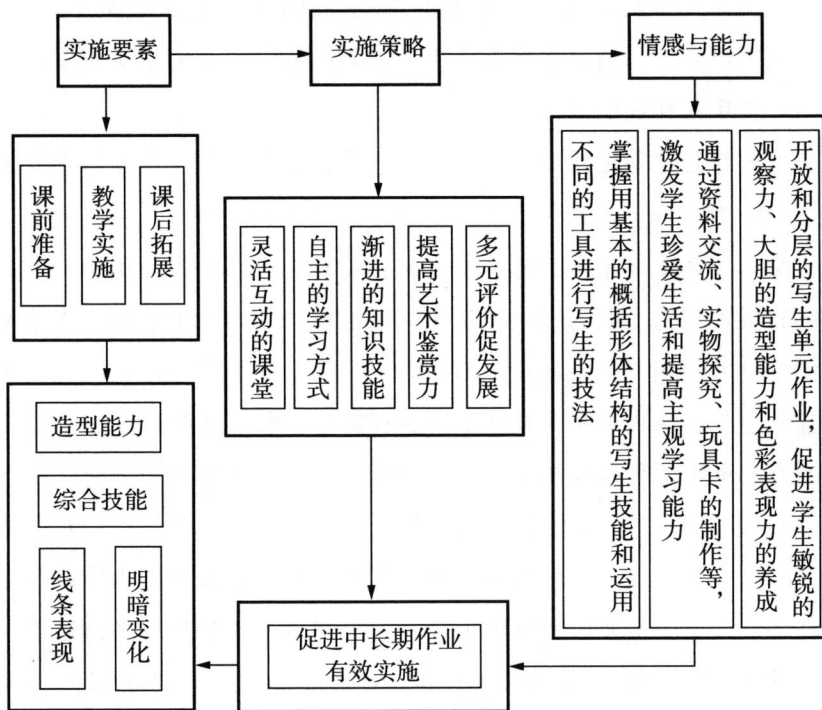

图5-1 美术写生单元作业实施的结构要素

1. 作业量设计得少而精

美术写生单元作业在内容设计上紧扣教材，作业难度根据学生原有基础设计，不让学生在心理上感到望而却步。有的实践型单元作业还进行了分层设计，以适应不同学生的能力水平，如《玩具跑车》实践型单元作业，就是进行分层设计的（表5-6）。

表 5-6 《玩具跑车》实践型单元作业的分层设计

<table>
<tr><td>

一、提示：写生物的外形结构

1. 观察小组内的玩具汽车，描述它的外形特征：

（1）用基本几何形概括整体的外形结构；

（2）几何形状的组合与变形。

2. 观察、比较玩具汽车与长毛绒玩具的造型特点：

（1）用欣赏比较法找出玩具汽车与长毛绒玩具的基本结构差别；

（2）探究不同结构的绘画表现方式。

二、作业内容

1. 基本任务：学会用从整体到局部的写生方法，用黑色水笔描绘玩具汽车的造型。

2. 挑战任务：观察玩具汽车的立体效果，尝试用黑色水笔表现玩具汽车的立体效果和机理效果。

3. 秀秀我们的玩具跑车，举行一个跑车展览会。

</td></tr>
</table>

作业总量除过程型作业和准备型作业外，每学期平均布置两次，少量的考查型作业对学生的学习是有利的，不会造成负担。

2. 给学生合适的完成时间

美术写生单元作业布置的时间因作业的类型不同而不同。准备型的实践作业要放在教学前，让学生先有实践和体验，再来学习，以凸显学习的效果。考查型和拓展型的实践作业一般放在教学中和教学后，让学生对自己的学习成效有个了解。而像毛绒玩具的材料探究等过程型作业的布置则要放在教学中了。作业布置后要预留一段时间，让学生在这段时间里完成作业，以保证作业的质量。

3. 进行过程指导

我们在布置单元的阶段作业时，从布置之时到作业的完成过程中教师都要对学生进行指导。指导方法主要有两种：一是讲解式，对具体做法进行详细讲解，帮助学生弄明白如何去实践；二是范例式，对一些制作类的考查型实践作业，教师可提供一些样本给学生参考。这些样本一部分是教师自己制作的范例，更多的是上届学生留下的精致作品。

比如《我的玩具卡》，这个美术写生单元作业是准备型的，学生对玩具是非常熟悉的，但很少有学生会去关注玩具的外形结构、材质和历史，这就需要教师对学生进行指导。指导主要分三步进行：一是教给学生观察的方法，了解玩具的种类；二是教给学生记录的方法，学会如何对玩具进行分类；三是经常提醒学生收集资料和进行记录，引导学生利用网络、书籍等进行探究，同时及时记载在作业表内。这样有序的指导，才能帮助学生更好地发现玩具的结构特点。

四、单元作业的评价

纸笔单元作业的评价与常规的作业评价类似，并不会遇到太多的问题，而合作型、实践型的单元作业的评价方式就不同于常规作业。如何通过巧妙地设计评分规则，调动不同水平学生的参与积极性？下面结合上文所谈到的音乐、美术两门学科进行探讨。

（一）单元作业的评分规则

音乐作业常采用的是课堂反馈，往往是在课堂上花一些时间，进行讨论、排演、展示、评价，但这样的作业反馈和评价方式过于简单，难以充分发挥评价的诊断、导向和激励功能。于是，我们改变了教师单一批阅或口头评价的作业反馈和评价方式，变为教师评价与学生的自评、互评相结合，设计不同的评价表，帮助教师更好地了解在完成本次作业过程中学生的参与、合作情况，弥补教师评价的片面性，做到较为全面地评价学生的学习（不但评价学习的结果，也能关注到学生学习的过程），让学生更多地参与到单元合作作业的过程中。仍以《行进的脚步》单元合作作业的反馈和评价为例：

作业反馈：两周后，利用一节课的时间，请同学们采用呈现资料、情境表演等形式展示合作学习的成果。

作业评价：小组成员共享评价成绩，教师评价与学生的自评、互评相结合。教师评价表和学生自评表的权重分别为 60% 和 40%，二者相加总分在 85～100 分为优，70～84 分为良，50～69 分为合格，50 分以下为不合格。

教师评价表与学生评价表如下。

（1）教师评价表：评价内容主要分为五个板块，包括合作、创编、表演、听辨和小报制作，都是针对完成单元作业所必需的音乐学习技能、技巧以及合作能力的（表 5-7）。

表 5-7　《行进的脚步》单元合作作业设计的教师评价表

_____班

小组	合作		创编			表演			听辨	小报制作	
	分工	合作	节拍节奏	旋律	书写	唱	奏	演	回答准确	内容	美化
第一组											
第二组											
第三组											
第四组											
第五组											

说明：

①小组成员分工明确、反馈中能合作表现学习成果的为 5 分，不符合要求的得分依次递减；

②创编的旋律节奏准确、旋律流畅，书写准确、规范的为 5 分，不符合要求的得分依次递减；

③能同时以唱、奏、演三种方式表演或以一种及以上方式表演，表演流畅的为 5 分，表演方式不足三种、表演中不够流畅的得分依次递减；

④电子小报制作内容符合要求（对进行曲的介绍）、小报设计美观的为 5 分，内容简单、缺少美感的得分依次递减。

以上每小项内容满分为 5 分，总分为 55 分，小组成员共同计分。

第五章　单元作业：实现学生知识逻辑与心理逻辑的统一

（2）学生自评表：采用问卷形式，通过学生亲身参与评价活动，帮助学生更清晰地了解自己的学习情况，发现自己在学习中的优势和不足，为今后的学习明确努力的方向（表5-8）。

表5-8　《行进的脚步》单元合作作业设计的小组讨论、展示评价量规

小组名称：_____

亲爱的同学：

在学习了《行进的脚步》这一单元之后，你是否知道哪些音乐可以表现军人、小朋友、老年人行进的脚步？大象、乌龟和小白兔行进时的脚步又有什么特点呢？相信和你的伙伴们一起开动脑筋后，你们已经完成了老师交给你们的任务单了吧！那就让我们一起来看你的学习情况吧。

1. 对于听到的不同乐曲（　　）。

　　A. 我能很快分辨情绪、速度、力度、节拍的特点

　　B. 在他人的提示下，我能分辨情绪、速度、力度、节拍

　　C. 我无法分辨情绪、速度、力度、节拍

2. 我能运用不同的节奏表现不同的人群或动物行进的脚步（　　）。

　　A. 很熟练　　　　　　　B. 可以运用　　　　　　　C. 不太熟练

3. 我创编的旋律（　　）。（没参与创编的同学可以不填写）

　　A. 好听，受欢迎　　　　B. 还不错　　　　　　　　C. 不容易让人记住

4. 在听音乐表演时（　　）。

　　A. 我能准确跟着音乐节奏，表现音乐的情绪

　　B. 我能跟着音乐节奏，但不能表现音乐情绪

　　C. 我无法跟上音乐

5. 在小组讨论时（　　）。

　　A. 我乐意倾听同学的发言并思考，还能发表自己的见解

　　B. 我喜欢听同学说，自己没什么想法

　　C. 听别人说很无聊，我不喜欢

6. 和同伴一起学习、表演时（　　）。

　　A. 我不但能把自己的任务完成，还能帮助其他同学

B. 在同学的帮助下，我能把自己的任务完成

C. 任务太难，我完成不了

7. 课后当大家共同练习时，我（　　）。

　　A. 能主动召集同学一起练习

　　B. 在同学的提醒下，我能参加练习

　　C. 任务对我来说太难了，练也练不好，所以我不愿意浪费时间来练习

8. 在本次小组学习中，我完成了（　　）（可多选）。

　　A. 乐曲听辨并准确填写任务单

　　B. 上网收集资料并交流

　　C. 旋律创编

　　D. 表演不同人群/动物行进的脚步

　　E. 用歌声/乐器把创编的旋律演唱/演奏出来

　　F. 其他

9. 请欣赏我创编的旋律（若无创编可不填写）。

说明：1～7题中选项A为4分，B为3分，C为2分；第8题中每个选项为1分，可累加；第9题满分为10分。

学生们在课堂上展示小组合作作业的成果时，我们发现：

（1）多数学生表现出较强的参与性。课堂展示环节，学生们跃跃欲试，每个小组都在组长的带领下，上台进行了交流。活动中，学生对于学习任务有较为明确的分工，展现的律动有设计，表演中有配合。学生学习的自主性与合作性得到展现。

（2）书面作业超出教师期望。从学生上交的介绍进行曲的小报制作设计来看，90%的作业达到甚至超出了教师的期望。除了能对网络上收集到的相关资料进行筛选、分类、辅以美丽的插图外，有的学生还列出表格，将收集到的几首不同题材的进行曲进行了比较；部分学生还选择介绍了自己喜欢的一两首乐曲；还有部分学生谈了乐曲欣赏后的感受；更有甚者还上交了PPT形式的作业，简洁的文字配以或激昂或欢快的旋律，引来一席"听众"的热烈掌声。

（3）能将课内外知识相结合。本次作业中有一项"将不同体裁、不同表现主题的进行曲在速度、力度、节拍、情绪上的不同点列举出来"，这是针对本单元学习内容的复习和反馈。从学生完成的情况来看，除了单元内容已经掌握外，他们对于课外内容，如《婚礼进行曲》《运动员进行曲》等的特点也能较为准确地分辨，这说明学生已经对"进行曲"这种音乐体裁形成了框架式的了解。这种将课内外学习内容整合起来的学习能力，对学生将来更深入的音乐学习百益而无一害。

当然，任何一次单元作业的设计即使考虑得再周全，在实施过程中仍然会存在一些问题，如在《行进的脚步》单元合作作业的评价中反映出以下两个问题。①由于教师未将作业评价标准告诉学生，因此学生在合作完成作业的过程中缺少依据，使得部分小组的作业质量一般，特别是在合作性上，小组间的能力差异较明显。②对学生自评表的整理与反馈不及时，学生自评表的诊断、激励作用尚未发挥。

（二）单元作业的多元评价方法

多元的单元作业设计应该匹配多元的单元作业评价。在美术学科中，教师们尝试了多元的评价方法。

1. 问卷式

问卷就是设计一些题目促使学生就完成的观察记录、资料收集、绘画技巧等进行交流，它是教师系统了解学生对美术作业的学习难点、态度、倾向性的一种有效方法。除了设计问卷，教师也可以带着一些问题到学生中去了解情况、发现新问题，教师还可以通过口头提问来达到检查的目的。

2. 积分式

教师对美术写生单元作业完成的及时性、作业的质量进行评分，并纳入学期"六星争章"的积分活动中，让学生在获得实践成功的同时，得到期盼的六星积分，增加他们对作业的成就感。

3. 展示式

通过展示美术写生单元作业的优秀作品来达到激励的目的，如《玩具秀》单元作品汇编等，教师将学生的作品或作品档案袋等在班级或学校宣传窗内进行展示，让全校师生都来欣赏他们的实践成果，增加学生的自信心和自豪感。

4. 比赛式

为了保证美术单元作业的成效，让大多数学生都能坚持完成美术中的长期作业，我们将有些美术写生单元作业，如《玩具秀》《水墨游戏》《科学畅想》等列入学科活动比赛的内容，通过比赛激发学生完成作业的兴趣，保证作业的完成质量。

这些评价方法的目的是激励学生，让学生对美术单元作业充满挑战感和成就感，对美术学习充满乐趣。因此，在对美术单元作业进行评价时，教师不是非常强调作业本身的好与差，而是在情感上给予学生更多关注，强调的是好与更好。

在将散点的知识结构化，揭示知识的内在联系，帮助学生形成知识结构、学会运用所学知识等方面，单元作业的优化探索迈出了一小步。在研究和实践的过程中，系统、整体的观念，基于课程标准的理念已深埋在我们的内心，这些微小的变化都将成为学校未来更富智慧探索的动力和养料。①

---

① 本章执笔者：金惠红、耿坚、陈晓然、刘莉、苏万仪。

第六章

长周期作业：在坚持中探究与表达

学生要花较长时间才能完成的作业，就是长周期作业了吗？本章所探讨的长周期作业，是一种以项目、问题、设计为载体，以学用结合为核心，通过人与人、人与物、人与环境的互动，促进学生养成良好的学习习惯和解决实际问题的作业。长周期作业由于内容多、时间长，在一定程度上会让学生和教师都产生畏难情绪和倦怠心理，但是，教师如若能充分认识并理解长周期作业对学生的价值和意义，并充分考虑学生的作业心理，就能有效地设计、实施、评价长周期作业，从中学生和教师的探究能力得到提升，积极的心理品质都能得以养成。

一、长周期作业的特点

鉴于我们对长周期作业的理解，长周期作业与我们通常所见到的家庭作业的差异主要表现在以下三个方面。

（一）长流程

既然是"长周期作业"，最显著的一个特点就是"长"，与通常一次就能完成的家庭作业不同，长周期作业至少需要几天时间不间断地去完成，而很多长周期作业甚至会持续一个月或一个学期。

但是，如果仅仅只有"长"这一个特点，那长周期作业就失去了其价值和意义。当只是看到长周期作业的"长"的时候，语文教师可能就会将

"美文摘抄"作为长周期作业布置给学生，满以为学生年纪小、知识面窄、积累不够，所以作文写不好，通过摘抄，可以弥补这方面的不足。殊不知，学生们对机械化地埋头苦抄怨声载道，在一遍遍枯燥地抄写中，倦怠心理在他们心中慢慢地滋生……

不难发现，长周期作业内容多、过程长、其间挫折和考验不少，对此，学生很容易产生畏难和倦怠心理，从而丧失自信心。但我们更应该看到，长周期作业也正因为有了这些特点，从而成为培养学生在坚持中勇于探究和表达的最佳载体。

（二）以问题、表现性任务为载体

长周期作业的第二个特点就是它并非针对零散的知识点，而更多的是指向知识的综合运用，所以在作业的形式上，往往是以问题、项目或表现性任务为载体。目前，各学科教材中主流的都是短周期作业，没有明确规定的长周期作业，而是鼓励教师自主设计。短周期作业是课堂教学的自然延伸和补充，对于学生巩固、理解、掌握和深化课堂所学的知识以及养成良好的学习习惯等具有重要的作用。但由于受片面追求考试分数的影响，短周期作业已逐渐产生了许多弊端：分量过多、出题过细、答案过死。

长周期作业是以问题、项目或表现性任务为载体、能充分激发学生聪明才智的、需要学生花一番艰苦努力才能完成的作业。这种作业是围绕某个主题来展开的，并不是书本知识的再现，而是运用课本上所学知识的结果。所谓以问题为载体，就是提炼出学科学习中的一些关键问题，这些问题的解决并非一朝一夕可以完成，而是需要长时间的观察、记录、数据分析，最终达到问题的解决或部分解决，比较适合语文、数学、科学学科；所谓以项目为载体，就是围绕某个项目的设计，进行师生、生生之间的互动与合作，从而完成作业，比较适合数学、科学学科；所谓以表现性任务为载体，就是以学生的表现性活动为中心，以戏剧等方式表现出来，比较适合语文、艺术等学科。这三种载体都指向了我们期待学生在长周期作业中所要形成的坚持、探究与表达的品性。

（三）培养坚持性的作业品质

长周期作业中学生会面对各种挫折和意外，对学生的坚持性品格、是极大的挑战。有教师进行了调查，发现在诸多困难面前，很多学生表现出退缩的行为。

针对学生对短周期作业和长周期作业的喜好原因，我开展了一次问卷调查。调查结果显示，54%的学生表示喜欢长周期作业，他们觉得"每天去看一看我这一天的收获，很有趣"，他们"喜欢自己动手操作，能锻炼动手能力"，他们"会在其中感到成功的快乐"，他们甚至为"能像科学家一样地开展探究、体验成功和失败，而感到自豪"。但还有46%的学生表示喜欢短周期作业，他们的理由也很实在。"短周期作业可以更快地发现结论"，"短周期作业完成时间短，不会忘了做"，有的学生嫌"长周期作业太烦琐，还是短周期作业简单"，更有学生对"长周期作业搞不好要出错"怨声载道。

一旦学生退缩，长周期作业试图让学生进行探究、表达的特点就难以彰显，反而让学生畏惧坚持、害怕探究、失去自我表达的热情。对此，我们应该试图让学生面对作业时产生的负面心理转化为积极的情感体验，从"我不行"到"我能行"。

通过这次问卷调查，折射出教师在学生长周期作业的流程环节中缺乏指导和反馈，导致学生在作业中出现的挫折和考验面前孤立无援，进而产生了畏难和倦怠。我们需要考虑到底设计出怎样的长周期作业，才能"推"学生一段、"扶"学生一把。

长周期作业的探究任务是有一定难度的，这种难度不是体现在动手操作上，而是表现在达成任务的过程中会遇到许多挫折。具体地说就是学生针对任务设计方案，在实施方案过程中产生一系列现象，对这些现象进行分析后，学生会发现可能材料选错了，需要更换，也可能观察时间定错了，需要调整，也有可能学生之间不愿意合作了，更有可能是实验设计不合理，需要重做，等等。这些在完成长周期作业的过程中时不时出现的"小刺头"就是对学生进行挫折教育的很好素材。

当学生在长周期作业的完成中遇到挫折，教师和家长可以设法帮助他们了解挫折背后的原因，以求下次不犯同样的错误，或者鼓励他们重新调整奋斗目标，使其更加适应自己的实际情况，以增加成功的机会。潜能只有在一些特殊情况下才能被激发。对于学生而言，在长周期作业的完成中出现的挫折，会迫使他们从多个角度反思问题，从而增强他们探究问题的能力。通常说的"越挫越勇"就是这个道理。试想，学生如果是通过自己坚持不懈的努力终于解决了一个探究任务，那种喜悦肯定是不言而喻的。这种收获要比从师长或书本里直接学到知识更让其感到欣喜。因为从师长或书本里得来的知识，是别人已经整理好的，没有什么趣味性和探究性而言，学生的识记是枯燥无味的，而只有通过自己的努力与探究掌握知识才是更有意义的学习。

二、长周期作业的设计原则

在长周期作业的设计与批阅中我们应充分考虑到学生的作业心理，这样的长周期作业才能实现其最终的目标，即让学生在坚持中探究与表达。基于学生的作业心理，我们提出以下四条原则。

（一）要让学生有更积极的情感体验

积极的情感体验可以吸引并维持学生较长时间地参与探究和表达活动，减轻对作业的畏难、倦怠心理。因此，我们的长周期作业，应该让学生感受到"很吸引我"、"很值得为此付出努力"。要让学生有这样积极的情感体验，就要求长周期作业的任务是学生感兴趣且能胜任的，长周期作业实施过程中的各个环节是层层递进从而引人入胜的，长周期作业的评价方面应该是多元且充满个性的。因为，即使经历同一个长周期作业，每个学生都会有不同的成长和收获，我们的评价不应缺失"独一无二"的这块内容。在具体操作中，教师可安排学生在自我评价时写写"属于我的收获"或"我特别难忘的经历"。值得注意的是，对于低年级学生，只字片语的表达，如"我太兴奋了"、"我已经不怕了"等，我们都应该欢迎和鼓励。

（二）要让学生体会到知识的系统性

长周期作业的内容虽应符合学生的能力及作业心理，但并不意味着"东一榔头，西一棒子"。为此，我们建议将若干个内容相关联的长周期作业组成一条"链"或一棵"树"，分散在一学期或一学年中完成。例如，自然学科中饲养动物或种植植物的长周期作业，在照料的过程中建议让学生分组研究动植物生长过程中的不同方面。由于此类长周期作业规模较大，对学生探究能力的要求较高，故建议在中、高年级开展。

（三）要培育学生坚持不懈的作业品质

长周期作业有时间长的特点，是培育学生坚持不懈的作业品质的最佳载体。我们在设计和实施长周期作业流程时，应考虑作业各环节的关联和生成。让学生在跌宕起伏、层层递进的作业进程中，提升探究能力，磨炼并形成坚持不懈的作业品质。

需要提醒的是，此类长周期作业要求教师对不同年段学生的能力及知识水平、对不同类型学生的作业心理要有清晰的认识，这样才能设计出"让学生跳一跳能完成的作业"。具体操作时要注意，"跳"得太久，学生会"跳"不动；"跳"得太高，学生会"跳"不到。这就需要教师提供与学生能力相匹配，与学生心理相吻合的结构性材料（人、物或环境），促成学生的高级思维和优秀心理品质的积极建构。

（四）要成为师生、生生、亲子共同合作的旅程

如果把长周期作业比作一段旅程，那么，这一路艰险的漫漫征途，能让稚嫩的孩子独自跋涉吗？答案一定是否定的。教师应该充分利用一切资

源扶持学生，保证大家旅途愉快。由于长周期作业的特殊性，大部分内容在课外完成，所以家长和同伴的介入就显得尤为重要。因此，我们建议教师通过"给家长的一封信"提醒家长关注孩子的长周期作业，也可以让学生以小组合作的形式完成长周期作业。俗话说，"一个好汉三个帮"，有了家长和同伴的陪伴，相信我们的学生这一路会走得更稳、能走得更远。当然，在长周期作业这趟旅程中，最主导的伴侣还是教师。我们建议教师提供各阶段作业单、作业指南、午间实验室等资源扶持学生。

此外，我们更提倡让学生的长周期作业旅程有教师的适时评价一路相伴。我们认为一个学生在一次长周期作业里应该得到几个针对不同阶段的评价，这样"化整为零"的评价，对学生坚持并顺利完成长周期作业能起到"拐杖"的作用。但是，采用了适时评价的长周期作业对教师的工作量是一个严峻的挑战，故建议可以在社团或同等规模小群体的长周期作业中开展。

今天，我们倡导长周期作业是源于长久以来我们的教育"重知识轻能力"所致。因此，短周期作业的及时学习评价与长周期作业的能力、品质养成缺一不可，相辅相成。

三、长周期作业的设计样式

长周期作业一直以来在教材中没有固定的格式，主要依赖于教师的自主设计，因为开放，所以有挑战性，也所以能激发教师们的创造力。根据长周期作业的载体和目的，我们将长周期作业分成以下三种类型：积累型、探究型、表现型。以下我们结合实例来分析三类长周期作业的设计样式。

（一）积累型长周期作业

这种类型的长周期作业侧重在日常积累中培养学生良好的学习习惯，引导学生从小处做起，一点一滴积累知识，对自己在这一学科上的进步有一个持续而长久的计划。但是，积累型的长周期作业也容易陷入一个误区，就是变成每日的例行任务，机械而被动的执行。在语文学科中，一个很典型的例子就是摘抄。正如一位教师写道：

上学期，我每天早读时要求学生摘抄一篇积累。原本想着：学生因为年纪小、知识面窄、积累不够，通过摘抄，可以弥补这方面的不足。可是，试行了半个学期，在上两个星期的月考中，班中学生的习作水平并没有整体提升。而从平时的摘抄情况来看，每天早上大多数学生都在埋头摘抄，但抄归抄，真正留在脑子里的积累少之又少。为了让学生"抄以致用"，我想尽一切办法——抽背、同桌背、集体背，但收效甚微。这让我反思：这每天一篇的积累摘抄是否可行？如不积累摘抄，可以用什么方法取而代之来提升全班学生的整体习作水平呢？

在一般性的摘抄中学生获得的是死的知识、是惰性的知识，很难在真实情境中综合运用，那么，如何在积累型的作业中激发学生的持久兴趣，让这些积累和摘抄发挥作用呢？教师们进行了一些作业的设计。

1. 设计循环日记

在这个学期，教师采用了循环日记的方法。所谓循环日记，就是一本日记大家循环着写。首先，教师将班级里的学生分为五个小组，每组五人，选出组长和副组长各一人。在分组的时候，考虑到循环日记的初衷是整体提升全班学生的写作水平，所以组内成员男女生搭配、习作水平的高低搭配要注意均衡。组长和副组长基本就是本组内写作水平较高的两位。然后在组长的带领下准备一本硬抄面本，并在扉页进行美化，美化内容可以是给自己的小组起个响亮的组名、介绍组员、喊出小组口号以及个性化的装饰。各组内组员依次轮流写日记，每天一篇，内容、体裁不限。一人写完日记后，第二天其他四位组员还要对他的日记进行点评。这么做的目的有三：第一，保证每个人的绩效责任；第二，学习他人作文的思维方式；第三，在修改作文的过程中提升自己的写作水平（指导什么是病句、如何把文章写具体等）。以下是一个循环日记小组中一位组员的日记以及其他组员的点评。

3月12日　　　　　　　星期三　　　　　　　　　　小雨

过生日

今天，我们又迎来了一个同学的生日，那位同学是谁呢？哦！她就是小叶。我们知道今天是她的生日，都惊讶不已，因为她居然是和孙中山先生同月同日生的。

这次，她妈妈带来了两个蛋糕，当老师将蛋糕盒盖打开时，大家都流下了口水。这两个蛋糕，有着雪白的身子，还有着许多可口的水果镶嵌在上面：有圆圆的葡萄，有甜甜的黄桃，还有酸酸的猕猴桃，这么多好吃的水果，怎么不会让人垂涎三尺呢？

接着，我们又将我们美好的祝福送给了她，有的祝她心想事成，有的祝她明天考试考到90分以上，有的祝她生日快乐……当我们每个人的祝福都送出去后，她又许了一个愿望，吹灭了蜡烛。

最后，老师给我们一人切了一块蛋糕，咬一口，就能感觉到一股浓浓的奶油味儿。

这次生日伴随着我们的笑声结束了。希望下次能再过这样有意义的生日。

评语1：不错，可是文章的主要内容不突出，让别人看了不知是形状具体还是祝愿具体。还有个地方用词重复了，加油！★★★★

评语2：不错，把同学们对她的祝福也有详有略地写了下来，但是有用词重复的毛病，以后继续努力！★★★★

……

经过几个月的尝试，在周一批阅学生的循环日记时，教师发现学生对于这种新的日记形式感到新奇有趣，大部分人都跃跃欲试。而且循环日记没有什么要求，让学生尽情发挥，使学生没有了顾虑。教师在批阅这些日记时，也以鼓励为主，通过画星来肯定学生的付出，共五颗星，分别代表真实、通顺、完整、生动和新颖。为了给学生一种良性竞争的氛围，每周教师和学生会一起评出最为出色的一个循环日记小组，在"精彩上海任我游"进站活动中集体进一站。这样的奖励机制也能进一步引起学生对循环

第六章　长周期作业：在坚持中探究与表达

日记的重视。

循环日记不仅会让学生将日常看到的书中的有意思的内容运用起来，而且能让学生的观察能力得到锻炼，也能让教师了解他们丰富的内心世界：有的学生对一天的学习比较关注，那他可以写上课印象深刻的事；有的学生善于观察家中的趣事；还有的乐意写同学之间有意思的事。

2. 从循环日记到故事接龙

循环日记开展了一个学期，在学生间的反响不错。可是单一的形式总会让学生产生"审美疲劳"。为了让循环日记形式再多样些，更能体现学生间的合作，我们还需要倾听学生的作业心声。于是，教师在一次每月班级小干部例会中，让大家各抒己见，谈谈对循环日记变革有何新想法。孩子的头脑永远都是最灵活的，有的学生提出循环日记还可以以故事接龙的方式进行，这样会更有趣。于是，新的一轮循环日记以故事接龙的形式正式拉开了帷幕。

在循环日记的第一次故事接龙前，教师并没有进行任何指导。于是，一周故事接龙下来，出现了一个非常有意思的现象：五个小组的故事接龙中，有两组到星期三，接龙的同学就早早地把故事的结果写好了，周四与周五写循环日记的同学只能将故事进行原来内容的再重复。如何改变这种状况？我们发现，新的作业形式需要跟进新的评价方式。

3. 同伴评议的力量

值得肯定的是，教师并没有自行规定作业的评价，而是精心选择了一些故事接龙呈现给学生，让学生们讨论问题出在哪里。学生们提出了一系列的问题。

问题1：故事的开头定得太死，后面的同学没法展开想象。

问题2：前一天的人写好后没有给后面一位同学留一个悬念，使得后一位同学没办法展开想象续写。

问题3：处于中间的同学没有考虑到后面同学的处境，往往写着写着就把故事的尾巴给结掉了。

问题4：故事接龙的最后一个人往往结尾简单、仓促，缺乏新意。

根据学生们头脑风暴后找到的故事接龙存在的问题，师生共同制定出了故事接龙的一些注意事项。

　　1. 故事的开头不要定得太死，让后面的同学能展开想象。

　　2. 前一天的人写好后要给后面一位同学留一个悬念，使得后一位同学能展开想象续写。

　　3. 处于中间的同学要考虑到后面同学的处境，不要急于结尾。

　　4. 故事接龙的最后一个人的结尾要有创意。

　　随后，第三周的故事接龙又开始了。这一次，五个循环小组有了明显的进步。选摘其中一组：

　　晚上，我做了个梦，梦见自己来到了食物王国。

　　食物王国里可真美啊！还弥漫着一股香气……（周一，小林）

　　这时，葱过来问："你从哪来的，来这里干什么?"我说："我从人类世界来，现在迷路了，可以跟你住一起吗?""人类世界? 好奇怪!"葱说。葱的好朋友汉堡听见了，热情地说："你先跟我去办一个通告证吧，回不回得去还不一定呢!"

　　于是，我跟着汉堡和葱来到了宫殿，青菜国王说："你来办证的?""嗯!"我说。"好，填一下卷子。"它说。我看不懂上面的字。"看不懂说明你是从其他地方来的，"它又说，"那不可以!"我可怜地看着葱和汉堡，它们明白了我的意思，异口同声地说："他是从这儿来，只不过怕填错了。""没关系，填什么都对!"国王语重心长地说。（周二，小朱）

　　"谢谢国王!"我欣喜若狂地说。"填吧!"国王说。我低下头，看了看卷子：什么呀? 都是我们学的数字符号! 我想，既然国王说"填什么都对"的话，那我就不客气了! 于是，我在卷子上写：1、2、3、4、5、6、7、a、b、c、d、e、f、g，这下应该好了吧! 我把卷子交给了国王，国王看了看，迟疑了一会儿，想：这是什么啊? 额……算了，还是给他办吧! "你可以来办——"忽然有一个声音打断了国王的话："国王陛下，我不愿意给他来办证!""怎……怎么会是它?"刚刚在我旁边一声不响的葱和汉

堡看了看它，不禁叫出声来。国王看着它，突然呆住了。（周三，小石）

我说："明明都填了。"葱说："都看不懂你填什么。"我说："不是填什么都对吗？"葱想了想说："那就办吧。"我欣喜地办了通告证。

我走出了宫殿，忽然地面晃了晃，葱连忙跑出来大喊："地震了！"我不知所措，忽然……（周四，小俞）

"宝贝，快醒醒，你要迟到了！"我一惊，从床上滚了下来。我看看四周，一切都好好的，没有任何地震的现象，我松了口气：原来这只是个梦啊！

我迅速穿上衣服，吃完早饭，背着书包上学去了。"后来怎么样了呢？"我满脑子都是问号。"但是，这个梦还是不错的哦！"我心里暗暗地想。（周五，小闵）

从这一组的故事接龙，比照先前班级头脑风暴后定下的故事接龙注意事项，教师们惊喜地发现，故事接龙开头的学生有了初步的大局意识；中间的几位学生在自己写的这部分故事的结尾处都会设下悬念，让故事的想象力大增；故事结尾部分的学生不再是简单的一两句话草草了事。"你的故事我来接"，故事接龙形式的循环日记正在精彩继续。

（二）探究型长周期作业

探究型长周期作业主要是培养学生的问题意识和探究能力，这种类型的长周期作业主要是在数学、科学学科中运用得比较多。学生可以是独自进行观察、记录、探究，如对种子的发芽情况的记录、对霉菌的生长情况的记录等；也可以是以小组合作的方式进行一定的探究，如做数学小报。

在这类作业中，最关键的问题是如何才能让学生真正探究起来，因此，这种设计样式的关键在于激发学生的探究兴趣，并让学生可以探究。正像杜威说的那样："儿童生来是好动的，教学应该让儿童自己做试验，自己在活动中直接接触各种事实，从而获得有用的经验。"[①] 那么，作业的

---

① 杜威. 民主主义与教育 [M]. 王承绪，译. 北京：人民教育出版社，1990：148.

设计也可以遵循这一原则，以问题为中心，按照提出问题—分析问题—提出假设与收集资料—评价、验证—最后得出结论的过程来展开学习。

学生本能地对一切新奇的事物感兴趣，他们会想方设法弄清这些新奇事物的背后究竟发生了什么，他们对"为什么事情会如此这般的发生"产生强烈的疑问，并能合乎逻辑地获得资料和加工资料，进行创造性思考，找到"为什么事物就像现在这种样子"的答案，从而增强探究性思维能力和树立所有知识都是试验性的、积极的、自主的态度。

作为教师，就可以借助长周期作业指导学生如何提问、如何收集资料，教给他们发现事物变化规律的一般的思维方式，使学生学会探究的方法和形成善于倾听各种不同建议以及随时发现新事物的习惯（表6-1）。

表 6-1 探究型长周期作业的设计样式

一、主要作业流程
◇ 鼓励学生提出他们不懂的问题
◇ 确定适合探究的问题
◇ 任务分工
◇ 讨论如何查找文献
◇ 讨论如何进行假设
◇ 讨论如何进行数据收集和整理
◇ 讨论如何用合适的方式呈现出来
二、主要作业形式
探究类的小报、分组汇报、长程实验设计

对于小学阶段的学生来说，他们有着非常旺盛的好奇心，对于一件事情总爱刨根问底，但是他们对于如何来开展研究的步骤却不太清楚。因此，在设计探究型长周期作业时需要特别考虑可操作性。不能太难，如果超过学生的认知范围，那么这样的探究活动就完全是家长代劳了。但是也不能纯粹停留在课本知识上，否则就失去了探究的意义，引不起学生的探究热情。表6-1中呈现的设计样式只是提炼出其中的关键要素，而在具体

操作的时候，应该根据探究时间对上述流程进行调整。

如下的数学小报的设计流程就是按照表6-1的设计样式进行设计的。根据一年级学生的特点，教师将重点放在学生呈现自己感兴趣的问题上，而简略了假设、数据采集等部分。

由于本次探究型作业的对象是刚刚进入小学的一年级新生，对于他们来说，从来也没有接触过探究型作业，也不知道什么是探究型作业，如何来完成这类作业。针对这种情况，这个作业是围绕一年级第二学期第三单元学习的《时间的初步认识》这个主题来展开的，其中涉及了两个方面的内容：第一是认识钟表，第二是认识几时和几时半。于是，根据这两个方面的内容，我设计了与时间相关的主题单元板块的探究型长周期作业。我是这样设计的：

1. 了解学生的问题，确立数学小报的研究内容

当我在上《时间的初步认识》这一单元的时候，我发现学生们对于各式各样的钟表非常感兴趣，但却不明白钟表为什么会产生，也不明白钟表和时间之间的联系，所以当我问他们："你知道什么是时间吗？"学生们顿时就显得很迷茫。有的学生认为"时间就是几时几分"，有的则认为"时间就是长针指向几，短针指向几"。的确，对低年级的学生们来说，时间既看不到又摸不着，它是一个非常抽象的概念。那么，如何让他们能更好、更全面地来理解"时间"这个抽象的概念呢？我决定围绕《时间的初步认识》这个单元来设计一份长周期作业，让学生能够把计时工具和时间这两个完全不同的概念，通过数学小报的形式来进行更深入的理解、探索，并学会区分。

2. 以问卷形式，了解学生的情况和存在的问题

在问题1的问卷中75%的学生知道手表和钟是计时工具，但也有25%的学生会回答长针和短针是计时的工具。对于"它们是如何计时的"这个问题只有11%的学生回答是根据时针和分针来计时的，还有89%的学生直接回答是通过"几时和几时半"来计时的。

> # 《时间的初步认识》学生问卷
>
> 班级_____   姓名_____   学号_____
>
> 问题1：你知道有哪些计时工具？它们是如何计时的？
>
> 问题2：你知道什么是时间吗？
>
> 问题3：为什么要有时间？它有什么作用？
>
> 问题4：你已经知道哪些与时间有关的知识？你还想知道哪些与时间有关的知识？

在问题2的问卷中100%的学生都说不清楚。有的学生说"时间就是早上、中午和晚上"，有的则说"时间就是钟面上的几时和几时半"。

在问题3的问卷中100%的学生都能回答。有的学生回答："时间可以告诉我们，什么时候起床，什么时候吃饭，什么时候睡觉。"有的学生说："时间可以告诉我们什么时候上课，什么时候下课。"有的学生则说："时间可以让我知道，电视里什么时候可以看到《喜羊羊和灰太狼》。"

在问题4的问卷中大部分学生对于时间的认识都停留在如何认识钟面上的时刻，几乎没有学生能跳出书本来说说自己对时间的其他认识。对于"还想知道哪些与时间有关的知识"这个问题上，学生们提出了五花八门的问题。可见，对于"时间"学生们的问题很多，好奇心和研究的热情高涨。

基于以上的问卷结果，我把数学小报的整体研究主题定位于对计时工具及时间的认识，以及如何合理地安排时间这两个板块上。

3. 学生根据兴趣进行分组，确立研究主题

从问题4的问卷中选取几个学生感兴趣并且能够通过自己的探索来解决的问题作为数学小报的研究主题。然后，全班学生根据自己的兴趣来决定加入哪个主题的研究小组。

第一板块：关于时间你还想了解的内容。

第六章　长周期作业：在坚持中探究与表达

179

问题一：什么是农历？问题二：什么是二十四节气？春、夏、秋、冬是怎么划分的？问题三：了解从古至今的计时工具。

实施方法：对于第一板块的内容，可以将全班学生按照4～6人不等，共分成6组，第一、第二组研究第一个问题。第三、第四组研究第二个问题。第五、第六组研究第三个问题，最后通过绘制小报的形式来提交作业。

立意：设计这一板块的立意是希望学生在认识钟表的基础上，对时间这个非常抽象的概念产生探究的兴趣，并且能够深刻体会到时间就在我们身边，时间与我们的生活息息相关，时间来源于我们生活实际的需求，并且在研究的过程中去发现钟表以及古代的一些计时工具只是表达时间的一种形式，从而真正理解时间与时钟之间的区别。

第二板块：学了时间的初步认识以后，你打算如何合理安排时间？

问题一：如何合理安排自己的作息时间？问题二：如何合理安排自己的学习时间？

实施方法：对于这一板块的内容，要求全班学生参与讨论，先说说平时是如何安排自己的学习和生活的，然后再对如何合理安排自己的作息和学习提出自己的想法与建议，最后自己来制作一份合理利用时间的作息表。

立意：对于第二板块的内容，在课前的问卷中，大部分学生都明白时间最重要的作用，就是可以告诉我们什么时候应该做什么事情。但是，学生对于如何利用时间来合理安排自己的学习和生活却很茫然。所以，我设计的第二板块就是要引导学生，根据自身的兴趣和情况，来拟定一份作息安排表，合理地运用时间，以此来培养学生综合运用知识的能力，发展学生发展性、独创性的思维能力，注重从解决问题中或在与同伴的合作中发展积极的情感。

4. 合作分工，学会利用身边的各种资源完成小报

在确立了小报的研究主题后，我就问大家："你们准备用什么方法来完成这个小报呢？"

有的学生说："我家里有电脑和打印机，可以上网查资料，然后让妈妈帮我打印出来。"有的说："妈妈帮我买了很多关于科学方面的书，我可以回家找一找和小报有关系的内容，再把它抄下来。"还有的学生说："我家隔壁就有图书馆，我可以去图书馆查一查，然后再复印下来。"甚至有的学生还说："我可以去问问家里的每个人，看看他们是不是知道。"

对于学生们想出的方法我一一进行了评价和肯定，同时我又提出了问题："如果小报上面只有一些文字资料够不够呢？你们觉得还需要再加些什么？"学生们纷纷开始议论，然后提出自己的想法。

学生 A 说："我认为还应该在小报上加入一些图片。"学生 B 说："我认为还要加入一些标题。"学生 C 说："还可以画一些图画，或者贴一些贴纸，使小报更漂亮。"

我对学生们提出的想法给予了充分的肯定，并且教会他们如何在小报上面进行排版和美化。

5. 呈现最后的成果，交流评价

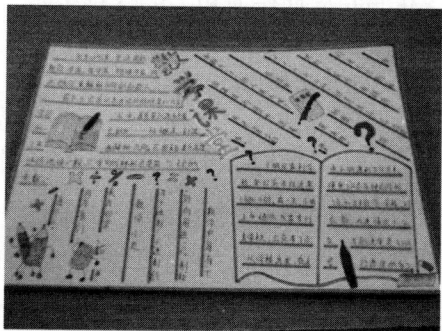

由于小报是分组完成的，每个小组会负责完成其中的某一个研究专题。比如有一个小组是专门研究计时工具的，他们找到了从古至今的很多计时的工具，有圭表、日晷、沙漏、怀表、钟等，然后每人负责介绍其中的某一个计时工具。介绍完以后，其他同学还可以向他们提出问题。最后他们会说一说自己在作业完成过程中的个人感受。然后由我对他们每一组来进行点评。

探究型长周期作业与学生的合作是分不开的，它往往要求学生与他人合作完成项目，所以非常有利于培养学生的合作意识。更重要的是，在合作中，学生可以了解他人的思维和自己思维的区别，从而实现思维的交流与共享。这种类型的长周期作业在各个学科中都可以存在。

这类作业要促进学生的深度学习，有两个重要的问题需要处理好：第一，如何让所有人都参与其中；第二，如何暴露所有参与者的思维。所以，在这类作业的设计中，需要设计让每一个人都能有绩效责任的规则。而定期的展示、公开、评论，营造所有参与者的"同行评议"是必不可少的环节。它既可以造成一定的同伴压力，让所有人都能投入，又可以暴露参与者的思维方式，营造知识共同体，让学生从相互比较中学习，还能激发参与者的自信心与荣誉感，增强作业完成的力度。在这类作业中，每一次的展示过程就是一次评价过程，关键是在上一次评议的基础上提出下一步要大家共同聚焦的新问题。只有每次都在上次评议的基础上推出新的问题，才能不断推动长周期作业的前进，也才能增强学生的合作交流能力，深化与长周期作业相关的学科主题。

（三）表现型长周期作业

表现型长周期作业主要是培养学生的想象力、自我表现力、自信心，这种作业张扬学生的个性，主要是在艺术、语文学科中运用得比较多。学生对一个主题进行个性化地解读和体验，在经过一段时间的准备、积淀后，用多元的方式展示出充满个性色彩的作业，如同时用戏剧、音乐、绘画等方式表现对同一主题的理解。

在这类作业的设计中，核心的问题有两个：第一，如何营造一定的情境激发学生的想象力；第二，如何在作业中留出空间让学生个性化地表达。对此，首先，要选择学生感兴趣的主题作为作业设计的内容，这样学生才愿意想象。其次，需要学生进行一定的阅读和积累，只有经过探索、体验，学生才能形成自己独特的认识，理解越深刻，表现越独特。再次，在作业设计中要留出多元展现的平台。表现型作业需要多样的符号语言。

加德纳的多元智能是一个很好的框架，可以帮助我们思考不同类型的学生具有的多元能力，让学生以他们最具有张力的方式表现出来。

根据如上的项目目的和核心问题，我们提炼出了表现型长周期作业的设计样式，张扬学生的多元智能和对各种表现符号的驾驭能力（表6-2）。

表6-2 表现型长周期作业的设计样式

一、主要作业流程

◇ 产生共同的主题

◇ 围绕主题选择感兴趣的一个方面

◇ 分析自己的智能特长

◇ 确定合适的表现方式

◇ 多元小组进程

◇ 评议

二、主要作业形式

主题表现型作业、多元定格（定格是电影或电视中的一个凝固的画面，定格是动作的刹那间"凝结"，显示宛若雕塑的静态美，用以突出或渲染某一场面、某种神态、某个细节等，学生可以用多种动作来表现一个词语、话题、主题等）、主题绘画

学习了文本《天上偷来的火种》，学生们渴望拓展阅读《希腊神话》，教师据此设计了一次文本拓展阅读表现型作业，希望通过写写、读读、画画、演演等丰富多彩的活动，让学生对独特的希腊神话乃至西方文化有一个浅显初步的认知。并期望通过此举探寻改变单一的作业形式，关注学生的多元智能表现，让学生在感受阅读乐趣的同时，培养其主动探究、团结合作、勇于创新的精神。

1. 穿越古希腊主题方案的产生

写完《天上偷来的火种》最后一笔板书，用湿巾拭了拭沾满粉尘的手，抬头见伟大善良、不屈不挠的普罗米修斯先生，把我听课的小伙伴们愣是给震撼得两眼放光，我便笑着建议如有兴趣认识更多性格迥异的希腊神话人物，敬请阅读《希腊神话》。

一周之后，这些平日住校的学生就纷纷带来了各种版本的《希腊神话》：有德国人著的，有俄国人写的，有肖复兴主编的，有吕延林翻译的，有学生版的，有美绘彩插版的，有译林出版社的，有浙江少儿出版社的……这很令人兴奋，也给我传递了一个信息：这些小学高年级的学生对独特的希腊神话乃至西方文化有点兴趣。

我深切地意识到学生们想感受阅读乐趣的那份迫切。那么，是完成既定设计作业，还是顾及学生需求呢？"to be or not to be"的一阵纠结后，设计了一次文本拓展阅读表现型作业——穿越古希腊，希望尝试直接评价学生运用习得的知识去解决问题或完成一项任务的能力的作业形式。

2. 主题作业的形成和学习小组的建立

我不知道我的学生对希腊神话和希腊人物了解多少，于是布置了这样的作业题：

①说说你知道的希腊神话，或者介绍一位你感兴趣的希腊神话人物。

②根据实际情况自主选择感兴趣的话题人物，根据自己的能力特长组建学习小组（如可以以视听阅览故事汇、绘画、泥塑、小剧场、电子小报等途径展示学习成果）。

3. 小组活动的开展

【视听阅览小组】

该小组成员下载了SMG世界文明之《希腊神话》，利用每天午间休息时间观看。我建议学生在每周的阅览课上以读书笔记形式呈现观览时的所感所想。

视觉系的组员们在读书笔记里竭尽所能记录了神话的大概，用"你真棒！"等三字感叹句表达了对神话人物的膜拜。当然，我不奢望他们写出多么深刻的自我体会。

【绘制电子小报小组】

短短的两个中午时间，该小组学生目不转睛地注视着两位外援小老师的演示和讲解，频频发问，步步跟进，在演示教授后的第三天就交出了电子稿。显然电子小报制作是学生们的写作能力、编排设计能力、收集筛选资料以及电子稿制作等多能力的展示考验，这让冷眼旁观的我情不自禁感叹生生互助的可贵与高效。

【情景剧表演小组】

这是清一色的女生合作小组。小 X 同学自诩能力、精力过剩，所以剧本撰写、多媒体背景制作、背景音乐选择、人物角色分配以及道具制作和人物化妆环环参与，乐此不疲。小 D 同学是全班唯一的走读同学，所以采购道具的任务就责无旁贷地由她担当起来。大家争先恐后在剧组中找到展示潜能的一席之地。

【陶俑泥塑小组】

小 Y 属于敏于行讷于言的小男生。他思索再三决定陶塑特洛伊木马。但因为众所周知的原因，我们学生的动手能力差强人意，他的小组差点就不能成立。但一旦两人组宣告成立，他们便在课间精雕细刻，招致围观乃至走道拥堵。

……

4. 小组学习活动成果的展示

【视听阅览小组】

强烈的视觉冲击以及生动的古希腊神话内容吸引了众多的其他小组成员，甚至于走过路过的任课老师们。有老师激动之下还径直上了当当网买书……

【绘制电子小报小组】

适逢学校读书节"阅读经典，好书伴我成长"活动开展之际，此小组成员便把自己的作品进行了展示，像这样班级活动与学校活动进行有机整合，既省时又省力，何乐而不为。

【情景剧表演小组】

学生借鉴移动传媒《教你妙招》的做法，制作《金苹果》中的金苹果，但实践后发现收效甚微，一番折腾后买了廉价食物涂上彩釉，演出时倒也吸足眼球。在选择剧本背景音乐时，有同学主张选择时下流行的《步步惊心》的主题曲，立刻遭到其他同学的质疑，认为这不符合时代特点和地域风貌，应该选择希腊的里拉琴演奏的音乐。而当在互联网几度搜索失败后，他们慎重地选择了舒缓的小提琴曲作为背景音乐。在角色的分配上集编导于一身的小 X 同学遗憾地认为小 F 同学饰演的阿弗洛狄忒还缺少魅力："毕竟她是爱神啊！"

【陶俑泥塑小组】

小 Y 和小 Z 选择《泥俑特洛伊木马》作为学习成果的展示。他们分工明确：机敏灵巧的小 Z 负责购买陶泥和制陶工具。陶泥颜色的选择，木马姿态的确定则一起商量。沉默寡言的小 Y 为泥俑主要制作者。但在制作中却屡屡遭到合作伙伴小 Z 的质疑：这哪里是马，分明是犬嘛！小 Y 一度气馁到崩溃，制作几乎中断。但稍后经过反复观摩比对百度的图片后，在积极地尝试中，他俩终于解决了似犬非马的问题。

5. 对老师的指导选择性说不

整个活动充分显示学生的自主性。他们会听取我的参考意见，会接受作业完成拖沓的不满表达，但保有坚持的底线，有选择地说不。如：学生表演《金苹果》时就坚持自己的想法，人物不戴面具、不化妆，对提出的声光电合成作品的想法赞不绝口，但以"有难度"不予考虑。我都一一遵从，毕竟学生们表现的是自己的作业。

将近两个多月的学习活动，威严的宙斯、善妒的赫拉、理智的雅典娜、美艳的阿弗洛狄忒、俊美的阿波罗等诸神都给学生们留下了深刻的印象。同时，学生对《希腊神话》中所体现的古希腊社会风俗和文化，也有了一个浅显的认知。最后，学生们运用自己喜欢或擅长的学习方式，通过制作电子小报、撰写读书笔记、制作陶泥、表演情景剧等不同形式呈现了他们对那消失的年代所知道的大概。

兴致勃勃看神话的活动在校读书节上获得了师生的好评，也吸引了一些家长的参与。有老眼昏花却扛不住孙子死缠硬磨连夜赶制服装的奶奶，有孩子制作小报在旁直呼难看以致孩子急火攻心改稿至深夜的父亲，有在道具制作材质上献计献策的叔叔，有放学后在操场上陪练的祖母，还有"我来给孩子们化妆可以吗"的母亲……

表现型长周期作业在国外的学生作业中比较多，而国内与之相关的实践相对比较少。这种类型的长周期作业其实就是提供一个主题，让学生在与主题的互动中有充分的个性表达的机会。这种作业是与传统的以掌握课本知识为主的作业有冲突的，所以也不可避免会带来一些家长的质疑。教师在展示中吸纳家长的参与是一个很好的解决策略，让家长在实际参与中真正领会孩子张扬个性的魅力。

四、长周期作业中的教师指导：长程指导单的设计

（一）为什么要设计长程指导单

由于长周期作业流程长、探究性强，对于学生的坚持性有较大的挑战。小学生的自我调节能力还不够，往往遇到一点困难就轻易放弃，所以教师的指导就显得特别重要。教师如何提供适宜的指导是一个重要的问题。比如，在自然学科的长周期作业中，有很多是涉及长程实验的，如动植物的饲养和种植、天气和天象的观测、生态环境的监测等，这些内容有趣且贴近学生生活的长周期作业，由于缺少教师的指导，学生的参与率和完成率并不高。

这里的长程指导单是一个统称。在不同的学科中，方案可以变化。在自然类的作业中，指导单的类型可能是最多的，包含方案设计、观察单、记录单等。由于长程实验内容多，有设计、有实验、有观察记录、有比较分析，更由于长程实验方案可能需要多次修改，导致实验过程较长，很容易引起学生的畏难和倦怠心理。所以，对于这类长周期作业，首先建议教师们把它安排在中、高年段，其次提议大家可以设计各种类型或各个阶段的记录单，来辅助学生探究。

（二）方案记录单的设计

不管是上述三种长周期作业中的哪一种，第一份指导单就是方案记录单。下面以问题探究型长周期作业为例来说明方案记录单的设计（表6-3）。

本次长周期作业的核心是探究紫甘蓝汁变质原因的长程实验。在教学过程中，由于天气过热，导致课前准备的"魔幻"液体变质，失去了酸碱指示作用。师生为了能顺利完成教学任务，将探究的矛头先指向了探究紫甘蓝汁变质的原因。为此，师生共同协作开展了为期两周的长周期探究活动。

我引导学生充分挖掘生活经验，先讨论"生活中，可能引起食物变质的因素"，这是他们熟悉的领域，于是很快地就把目光聚焦到"温度高低"、"空气有无"、"湿度大小"等因素，进而学生再根据预测的因素设计实验方案，最终呈现了3个对比实验组。为了充分呵护学生的探究热情，我鼓励他们自行选择实验组进行探究并做好记录。

表6-3 方案记录单的设计样例

我们的研究问题：_____会导致紫甘蓝汁变质吗？

我们的预测：(用"√"表示) 会/不会

我们的实验方案：(用图片和文字表示)：

我们的实验器材：(用"√"表示并填数量)

无盖玻璃杯、有盖玻璃杯、无盖陶瓷杯、有盖陶瓷杯、冰箱、塑料袋、针筒
( )   ( )   ( )   ( )   ( )   ( )   ( )

我们的准备：(哪些实验材料、器具等)

在这张方案记录单上应包含"我们的研究问题"、"我们的预测"、"我们的实验方案"、"我们的准备"四个方面。该单从问题的提出到预测再到方案的设计，三个环节层层递进，能帮助学生厘清长周期作业中众多探究活动开展的先后次序，体验长周期作业探究的一般过程。需要提醒的是，请务必把"我们的准备"放在最后考虑。俗话说"要打有准备的仗"，似乎应该先"准备"，再"实验"，这话没错。但在设计方案阶段，学生们的思考顺序是先根据预测建构实验，再通过回忆实验去抓取要准备的器材并记录下来。

对于不同年段的学生来说，记录单的难度和题型应该进行适当调整。

对于三年级学生，该记录单可以设计成选择题，以降低难度。例如，我们的预测：导致紫甘蓝汁变质的因素是：温度（　　　）、容器（　　　）。对于四、五年级学生，该记录单可以设计成填空题。例如，我们的预测：导致紫甘蓝汁变质的因素是：_____。

值得一提的是，"我们的准备"这一栏，若以选择题的形式出现，或许会产生意想不到的效果。以"探究紫甘蓝变质的原因"为例，教师有意罗列了一些实验器材供学生选择，这是为了给学生独立设计比较实验提供帮助，促使他们的思维活动更缜密。例如，有学生研究"光照会导致紫甘蓝汁变质吗？"这一问题，根据问题，他起先的设计是画了两个杯子，一个有盖，一个无盖，从杯中再引出两根线，分别写上"紫甘蓝汁"，表示盛放在里面。思想实验很快完成，看上去很不错。但是，在接下来的"我们的准备"这一步选择实验器材时，他发现，这里提供了很多杯子，既有"玻璃杯"，又有"陶瓷杯"，到底选哪个？为什么？于是，他思绪开始"往回走"，先考虑要研究的问题，再斟酌自己的预测，然后在脑中描画实验，经过又一番缜密的思考，他意识到应该选杯盖、杯壁都能遮光的杯子才对。

这个实例充分说明了教师一对一的引导、利用方案记录单，能推动学生进行更缜密的思考。

（三）观察记录单的设计

在方案确定后，第二份指导单就在于更好地追踪过程，将学生在长周期作业中的一个个印迹都保留下来。为此，引导学生对自己的实验、表现任务、问题、文献材料的积累进行观察、记录是必不可少的。这样，教师可以及时了解学生长周期作业的进展情况，以此决定是要进行共性问题的分析还是进行个别指导。目前，有一些软件如 Papa 等也能通过语音、照片等进行及时的跟踪记录，这些比较适合表现个性型的任务。下面，我们继续呈现问题探究型作业的观察记录单的设计（表6-4）。

表6-4　观察记录单的设计样例

我的实验记录："保质"用"√"表示，"变质"用"×"表示。

因素	第1天	第2天	第3天	第4天	第5天	第6天	第7天	第8天	第9天

我的承诺：每天观察记录一次，直到所有实验对象变质，方可结束实验。

我在探究中的困惑和发现：＿＿＿＿＿＿＿＿＿＿＿＿＿＿＿＿＿

＿＿＿＿＿＿＿＿＿＿＿＿＿＿＿＿＿＿＿＿＿＿＿＿＿＿＿＿＿＿。

＿＿＿＿＿＿＿＿＿＿＿＿＿＿＿＿＿＿＿＿＿＿＿＿＿＿＿＿＿＿。

我不是孤独的，我可以向父母、朋友、老师、科普馆等求助。

　　该记录单应以表格的形式呈现，便于学生进行条理化的记录，一般为两个方面内容，即"时间"和"现象"，还应该有供学生记录"探究中的困惑和发现"的地方及励志和引导的话。

　　一周后，部分学生通过对实验记录单的汇总分析，发现了引起紫甘蓝汁变质的原因，但还有部分学生不能确定原因到底是什么。教师通过情境再现、问题引导、小组讨论等方式启发学生积极的思维建构，最终找到了解决问题的策略——缩短观察记录的时间间隔。

　　我们应该意识到，这是长程实验的观察记录单，它将陪伴学生较长一段时间。在这段时间里，学生很可能会遇到困惑需要思考，他们也可能产生由此带来的畏难和倦怠。所以，这张记录单扮演的角色是多重的。它首先是位"倾听者"，耐心地接受各种尚不成熟的思考，"我觉得通过辨别气味也能知道紫甘蓝汁是否变质，但还不确定"。其次它又是位"陪伴者"，在学生感到迷茫无助的时候送上一碗"心灵鸡汤"，"永不放弃，就会成功"，"再想想，再试试"……最后它更应该是位"智慧者"，在学生困惑不已、孤立无援的时候指示方向，"上网搜索吧!"、"周末去科技馆找找!"、"问问家长去!"……

由于长程实验的内容多、时间长，学生产生畏难情绪和倦怠心理是情理之中的事。这时，很需要家长的介入来拉一把、托一把，让学生顺利度过长周期作业过程中的心理低潮期。如榨汁的活动，单凭学生独自机械地碾压，要榨出许多紫甘蓝汁实在不容易，久而久之，"我累了"、"弄了半天，就这么点"、"我不想榨了"等负面情绪就会滋生出来。但如果有了家长的参与，情况会大不相同。在家长看护下使用榨汁机，学生们会觉得非常有趣，且继续长程实验的信心会大大增强。

(四) 结果记录单的设计

结果记录单可以让学生主动地对自己实验、观察的结果进行汇总、分析，培养学生的反思精神，也能让教师迅速了解学生的长周期作业情况，增强对学生的指导。

该记录单的作用就是统计，但形式可以多样，视学生年段而定。建议三年级学生用"画正字"或"写数字"的方法进行统计，而对于四、五年级学生，通过画"柱形图"、"条形图"、"扇形图"等方式统计，可能会有更多的发现。在探究紫甘蓝汁变质原因的长周期作业中，教师将各小组的统计再次汇总，最终以条形图的形式呈现，学生们通过观察比较，很快发现了还有部分同学不能确定实验结果，于是商讨设计更缜密的实验方案。可见，学生们的思维在作业单的推动下更加深入了（表6-5）。

表6-5 结果记录单的设计样例

导致紫甘蓝汁变质的因素	用画"正"字的方法统计
确定，接触空气	
确定，隔离空气	
不确定	

我们小组对统计的实验记录进行分析后，发现导致紫甘蓝汁变质的因素_____（确定、不确定），是_____。

上述指导单主要是以问题探究型长周期作业为例，事实上，在三种类型的长周期作业中，根据上述设计样例中的各个流程，都可以设计相应的长程指导单，在这些重要的节点上，助学生一臂之力。

五、长周期作业的评价

对长周期作业的批阅能沿用短周期作业的方式吗？这是许多教师心里的疑惑。为此，教师们也进行了不断探索。

（一）长周期作业的评分规则

在"摸着石头过河"中，有教师走了这样的弯路。有一长周期作业——利用身边的废旧材料做一艘简易潜水艇，因取材方便、组装较容易，大部分学生在作业流程中与教师积极互动后能按时完成，还有小部分学生虽几经努力，但结果仍不理想，于是，教师在作业批阅时给了这小部分学生"不合格"。在以后几次的长周期作业中，这部分同学表现得不积极了，教师这才意识到，狭义的批阅（只看结果不重过程）抹杀了一部分探究能力有限但探究热情高涨的学生的自信心。

因此，在长周期作业的评分与评价中，更应该关注学生完成作业的过程，对学生在作业过程中的情感、意志、问题解决、合作、想法予以发展性的评估。

对长周期作业的评价不能用一般的纸笔测验的方法，而应该采用关注过程的真实评价，引导学生在实作中积累过程性的资料，综合考虑学生在长周期作业中的表现，采用档案袋、过程性的关键事件记录、表现性评价等多种评价方式。但是，不管采用哪种方法，都不可回避的一个问题就是"评什么"。在长周期作业的评价中，最困难的就是评价规则的设计。为此，根据长周期作业的类型特点，我们设计了评价规则的设计要点，供教师基于此设计具体的评价规则（表6-6）。

表 6–6　长周期作业评价规则设计的要点

长周期作业的类型	评价规则设计的要点
探究型	◇ 学生提问的积极性 ◇ 对所探究问题的好奇心 ◇ 投入程度 ◇ 提出问题的质量 ◇ 搜索资料的来源 ◇ 新观点的提出 ◇ 在同一个问题上学生理解的深度是否增加 ◇ 论证过程 ◇ 小组合作程度
积累型	◇ 对积累意义的理解 ◇ 定期的积累行为 ◇ 寻找资源的主动性 ◇ 积累后的分享行为
表现型	◇ 对主题的理解与体验的独特性 ◇ 创意或新颖 ◇ 小组成员的分工与组合 ◇ 表现时的配合程度 ◇ 表现任务的质量

　　根据上述要点，教师可以选择合适的内容设计评分规则，并与学生共同探讨评分规则的设计。在设计出相应的评分规则后，教师可以在问题探究型长周期作业中采用档案袋评价，让学生围绕上述评分规则的要点积累过程中的材料，而教师的点评或评语也可以围绕其进行。比如在每个长周期作业结束时，教师为每组学生写一份较详细的评语，也要求学生进行相互的评价。这种评价就不是简单的"优秀"、"合格"或"不合格"等，而是围绕评分规则将这组学生在长周期作业中的一些典型实例呈现出来，让学生感到自己的优秀和独特。

比如有一位老师写道：

　　我和同学们都对你们在班报编辑长周期作业中的表现感到非常惊奇和赞赏。你们承担的是校对工作，这是一件困难而枯燥的事，要仔细再仔细才能完成。每节课下课，你们的第一件事就是让这一组的编辑改正他们的不足。虽然有时下课不能休息，但你们的努力让你们编的班报越来越好。谢谢你们！

　　这样的评价丰富了长周期作业的内涵，关注学生在作业过程中的情感和投入，让学生能够感受到来自教师的支持和鼓励。而在问题探究型的作业中，教师通过访谈或让学生绘制概念图以了解学生的进步度也是一种可行的方法。比如，在上文数学小报的案例中，教师在作业之前，先问了学生两个问题：第一，什么是时间？竟然没有一个人能够回答这个问题。因为他们都觉得时间很抽象，无法用语言来描述。第二，你觉得时间有什么作用？他们回答："我觉得时间可以告诉我们什么时候可以做什么事情。"从学生的回答我们可以看到，学生对时间的初始理解是非常肤浅的。而在长周期作业之后，学生的理解得到了很大的拓展。

　　学生 A：星期四的晚上，我一口气读完了《中国古代计时器》这篇文章。我心里一直想着中国古代可真是一个了不起的时代呀，中国古代人们发明了许多计时用的东西，为当时的生活带来了很大的方便。

　　学生 B：现在我知道了，无论是圭表、沙漏、浑天仪、水运仪，还是大明灯漏，为了这些发明，中国古代的人们运用力学知识和机械原理，进行了精密的测量和计算，不断改进设计和完善功能，力求精益求精。

　　学生 C：其实，中国古代每项计时工具的发明都是通过艰苦劳动赢得的，都是心血和汗水的结晶，都是智慧的代表。直到今天，我们后辈还为先人的发明感到骄傲。

　　学生 D：现在我知道了，人类最早使用的计时仪器是利用太阳照在物体上的影子的长短和方向来判断时间的，就如圭表。所以我想，我是否也能利用太阳照在身上时在地上出现的影子的长短和方向来判断时间呢？

学生 E：我了解了沙漏是利用沙子的流动来计时的。上面漏斗中的沙子通过漏斗中间的小洞流到下面的漏斗中。如果中间的洞大一点，沙子就会流得快一些，如果中间的洞小一些，沙子就会流得慢一些。所以沙漏有 7 分钟的、10 分钟的、30 分钟的等很多种。因此，我在想，是否也能利用水能流动的这个特点做个可以计时的水漏呢？

（二）设置评分的杠杆

本部分将介绍一个适用于各种形式、各门学科长周期作业的策略，让学生的"我不行"转变为"我能行"，即利用设置评分杠杆的策略改善学生作业时的负面心理。评分杠杆的设置在长周期作业的开始阶段尤其有用，它给予学生一定的选择权，但也赋予了学生相应的责任和义务，帮助学生克服长周期作业中的畏难情绪。

这个策略很简单，就是赋予长周期作业相应的价值。要高质量地完成长周期作业学生要付出很大的努力，尤其在探究型和表现型作业中，这是短周期作业所无法比拟的。那么，教师是否赋予了长周期作业相应的价值呢？应该说，在目前的评价中，是没有的，学生费心费力完成的长周期作业可能得不到教师的认可，或许只有极少数追求知识学习的内在动机的学生才能从长周期作业中获益。那么，为了改变这种情况，我们可以怎么做呢？我们完全可以赋予长周期作业更多的分值，让学生认识到长周期作业的价值。

长周期作业的评分设置

将一学期的作业分成必做作业和自选作业。

其中，自选作业中包含若干短周期作业和长周期作业供学生选择。

一学期自选作业满 10 分为合格，短周期作业因时间短、难度低、成效快等特点，完成一项计 1 分，长周期作业因时间较长、难度较高、过程有起伏等特点，完成一项计 5 分。

我们期望利用评分杠杆这个"诱因"减少学生在做长周期作业时的负面心理。教师将上述策略以问卷的形式征询学生的意见。结果发现，原本班中46%选择短周期作业的学生中，现有73%的学生开始选择长周期作业了。我们观察并分析学生理由，发现有的学生具有一定的经济头脑：长周期作业虽然时间长、有难度，但是分值高；有的学生则属于"投资理财"中的"保守派"：长周期作业选1项，短周期作业选5项，凑满10分，两个都做，万一长周期作业做不好，至少还有5分。

学习动机是推动学生进行学习活动的内在原因，是激励、指引学生学习的强大动力。学生的学习动机是由各种不同的动力因素组成的。其中，需要与诱因是紧密联系着的。需要（内部动机）比较内在、隐蔽，是支配有机体行动的内部原因；诱因（外部动机）是与需要相联系的外界刺激物，它吸引有机体的活动并使需要有可能得到满足。作业分值的设置就属于诱因中的一种，也就是外部动机。确实，在长周期作业的起始阶段，仅仅依赖学生的内在动力对小学生来说要求太高，我们可以通过外在的分数刺激先带学生"入门"，再通过过程中的指导和激励引发学生真正的内在兴趣。

综上所述，无论是设置分值还是设计各种新的评价方法，这些行为背后的"支撑"都是长周期作业的设计原则，即长周期作业要成为师生、生生、亲子共同合作的旅程，长周期作业要培育学生坚持不懈的作业品质。相信我们的学生在分值的激励下，在教师精心设计的作业单的陪伴下，定能克服畏难、倦怠的心理，养成坚持不懈的作业品质。[1]

---

① 本章执笔者：李丞夏、陈茹、冯志兰、汤秀芝。

后　记

Houji

　　凡父母交给我们的孩子，有些可能毫不起眼，有些看似浑浑噩噩，但是他们可能都是闪闪发光的珍宝！正如雕塑名作《大卫》手中的那块石头因有瑕疵曾被某位大师放弃，但在米开朗基罗的手中，这块石头成为《大卫》的点睛之笔，就是击败巨人歌利亚的弦击石。当教育改革的浪潮一波又一波冲击上海的中小学，我们开始在这些浪潮中警醒反思自己是否可以看到每一个孩子的价值并接纳他们。可以说，世纪交替后的中国教育工作者，是承接教育改革大使命的一代人。而作为一线教师的我们，则是被教改浪潮推到最前沿的改革实践者：我们必须用实际的行动去践行改革的精义，为的是要让每个孩子都绽放出光芒。这样的践行是不易的，真好像"摸着石头过河"一般。

　　最需要走出去的一步，就是切实减少学生的作业量，还要保证学生学业品质的提升，并尽力让每个孩子都体会到完成作业的成就感。为了避免"瞎眼的给瞎眼的领路"，我们学校从规划统筹开始，就有幸与上海市教育科学研究院展开合作，在诸多专家学者的支持下，开始进行以学习为本的作业改革。这次合作，历时三年，始于大规模调研，然后建立理论的模型，并推进行动的展开。在这一过程中，我们冲破旧有作业模式的枷锁，开始将作业变得轻省有趣却相对高效——从原本单一的书写型作业上突破，研究出动脑、动手相配合的作业；关注拓展型作业的布置，以中长期作业替代部分短周期作业，减轻学生必须在短时间内完成作业的压力；在作业布置中结合学生心理机制的研究成果，设计出激励学生学习兴趣的作业；另有分层作业的推出，减少学生因比较、争竞引发的压力，透过作业来检测不同学习程度的学生，以满足学生们不同的需求。

　　在这样一个过程中，老师们必须先勇敢地打碎自己十几年甚至几十年的思维模式，建立全新的观念，这就好像雕琢玉器过程中需要有创作的灵感，并不断趋于卓越的技能，最忌墨守成规、一成不变。在过往的三年里，老师们在一线的研究和实践可以说是伴随着各样阵痛，因为如此改变其实需要深深的自省。可以说，方臻校长坚定不移的态度促成了这次研究的成功——每周教工大会上她都会播报最新科研实践的情况，每一堂课、每一个研究的点，方校长都密切观察、督促和引导。而这次科研的规模也大到涉及了几乎每一门学科的每一位老师，如此全面地铺开和扎实深入地实验、小结、改进、再实验……老师们都在不知不觉中提升了对作业的科学认识，令学生切实受惠。孩子们学习的积极性、能动性有了提升，课余活动时间也明显增加。

现如今，我们希望我校的作业研究可以成为露出海面的冰山一角，让更多同侪看见，并产生践行作业改革的动力，设计出更多有效的作业，帮助更多的学生正确认识自己，知道自己喜欢什么、擅长什么，以至于当他们真正开始肩负起社会赋予的使命时，每个人举世无双的价值都能显现出来，以至于我们的耳边可以不再充斥着"朽木不可雕也"的声音。

感谢上海市徐汇区教育局的领导，是他们的领导力和远见为我们的发展提供了广大的平台。感谢上海市教育科学研究院普教所的汤林春所长、胡兴宏老师、傅禄建老师、王洁老师，他们睿智的话语总是为我们指点迷津。感谢普教所的夏雪梅博士、王婷婷博士、严加平老师、刘莉老师、冯明老师，在过去的一千多天里，他们与我们并肩作战，穿梭于理论与实践之间。感谢徐汇区教师进修学院的张才龙、杨向谊等老师的大力支持，没有他们，我们或许不会如此自信。

解秋婉
2013 年 11 月 9 日

出　版　人　　所广一

策划编辑　　池春燕

责任编辑　　池春燕

版式设计　　孙欢欢

责任校对　　贾静芳

责任印制　　叶小峰

图书在版编目（CIP）数据

作业设计：基于学生心理机制的学习反馈/方臻，

夏雪梅编著 . —北京：教育科学出版社，2014. 10（2024. 7 重印）

　　ISBN 978-7-5041-8646-1

　　Ⅰ . ①作… 　Ⅱ . ①方… ②夏… 　Ⅲ . ①学生作业—教

学设计—小学 　Ⅳ . ①G622. 46

中国版本图书馆 CIP 数据核字（2014）第 215413 号

作业设计　基于学生心理机制的学习反馈

ZUOYE SHEJI　JIYU XUESHENG XINLI JIZHI DE XUEXI FANKUI

出版发行	**教育科学出版社**			
社　　址	北京·朝阳区安慧北里安园甲9号	市场部电话	010-64989009	
邮　　编	100101	编辑部电话	010-64989441	
传　　真	010-64891796	网　　址	http://www.esph.com.cn	
经　　销	各地新华书店			
制　　作	北京金奥都图文制作中心			
印　　刷	保定市中画美凯印刷有限公司			
开　　本	720毫米×1020毫米　1/16	版　　次	2014年10月第1版	
印　　张	14	印　　次	2024年7月第16次印刷	
字　　数	193千	定　　价	38.00元	

如有印装质量问题，请到所购图书销售部门联系调换。